들뢰즈와 탈주하기

백년어서원 지음

서문

들뢰즈를 만난 것은 운명이었을까. 아직까지 잘 모르겠지만 하나의 사건이었음엔 틀림없다. 내겐 들뢰즈와의 만남이 '이것임'이다. 박사논문을 쓸 땐 거의 매일 꿈속에서 들뢰즈를 만났다. 10년 전 박사논문이 완성된 후 몇 권의 들뢰즈 책은 책꽂이에서 뒤집혀진 채 꽂혀 있었다. 책을 볼 때마다 흰 벽과 검은 구멍 속을 헤집어놓았기 때문에 책제목이 보이지 않도록 뒤집어놓았었다. 그 책들을 다시 바로 한 것은 2017년쯤 백년어서원을 알게 되면서였다. 『천 개의 고원』 전체 강독은 두 번째였다. 18년 '들뢰즈의 악수'로 강의를 하게 된 것이 인연이 되어 김해도서관에서 1년, 지금의 문우들과 다시 만나 강독하게 되었다. 그 와중에 터진 코로나19는 우리에게 큰 장애가 될 수 없었다.

우리는 고원을 넘었다. 들뢰즈/가타리를 따라 천의 고원을 넘으며 힘겨운 싸움을 했다. 이 책은 백년어서원의 '『천 개의 고원』 천천히 읽기' 강독의 결과이다. 1년 반 동안 함께 읽고 3개월 동안 글로 쓰고 합평했다. 긴 여정에서 만난 들뢰즈는 도반들에게 호락호락하지 않았을 것이다. 내게도 처음 그랬으니까. 천 페이지 되는 철학 서적을 읽고 이해한다는 것은 정말 어렵고 지난한 싸움이었음을 안다.

  철학은 개념을 창안하는 일이다. 수많은 철학자가 개념을 창안해 사유를 펼쳤다. 그러나 들뢰즈만큼 개념을 많이 창안한 이가 있을까. 횡단, 되기, 탈영토화, 리좀, 리트로넬로, 전쟁기계, 유목민, 기관 없는 신체…. 들뢰즈에게 개념이란 단순한 이름표가 아니다. 개념은 계속해서 변화하는 삶의 문제에 새로운 답을 제시하는 것이다. 사실 철학 개념 하나를 이해하고 글로 쓴다는 것도 어려운 일이다. 그런데 『천 개의 고원』에는 들뢰즈의 수많은 철학 개념이 녹아있으니 그 많은 철학 개념을 이해한다는 것은 정말 머리가 지끈거리고 숨이 턱 막히는 일이다. 숱한 고투를 이겨내고 글로 쓸 수 있었던 것은 '함께'했기 때문이다.

  '자본주의와 분열증 2'라고 부제가 붙어있는 『천 개의 고원』은 들뢰즈가 정신분석학자 가타리와 만나 쓴 책이다. 그들은 『안티-오이디푸스』에서는 자세히 파고 들어가지 못하고 그저 멀리서 바라다보고 만 영역들에 대해 『천 개의 고원』에서는 최소한 일보 전진을 가져다주었다고 밝히고 있다. 우리도 마찬가지이다. 함께했기에 일보 나아갈 수 있었다. 두 철학자는 철학에서 가장 중요한 것이 '외침'이라고 했다. '개념들을 에둘러 가서 진짜 노래가 될 수 있는 외침들', 최소한 우리는 외쳤다. 그 외침이 욕망에 대한 건설적이고 긍정적인 '리토르넬로'가 되었는지는 모르겠지만 우리는 최선을 다했다. 누군가는 음악에서, 누군가는 미술에서, 누군가는 시에서, 누군가는 정치에서, 누군가는 소설에서, 누군가는 체험에서 리토르넬로가 되기를 바라며 노래했다.

   천의 고원을 넘으며 우리는 유목민이고자 했다. 매끈한 공간으로 나아가지 못하고 국가장치라는 거대한 시스템에 홈 패인 채, 정주민으로 안주하며 고착되고 안이한 삶에 빠져 허우적거렸다. 적어도 고원을 넘는 동안 삶과 죽음에 대해 고민했고 아팠다. 그리고 조금은 성장했다. 들뢰즈를 만난 일이 내게 '이것임'이었듯이 『천 개의 고원』을 만난 일이 문우들에게 '이것임'이었으리라 믿는다. 이 책을 읽는 독자가 '이것임'이 되어 진정한 유목민으로 탄생하기를 바라는 것은 욕심일까.

부족할 것이다. 아니 책으로 내놓기엔 부족하다. 그 많은 철학 개념을 어떻게 바로 이해했다는 것인지 의문이 들지도 모른다. 들뢰즈의 말로 우리는 최소한 더듬거렸다. 온몸으로. 부디 너그럽고 따뜻한 마음으로 이 책을 일독해 주기를 바란다.

2023년 다알리아가 지기 시작한 날
백년어서원 창가에서 이수경

차례

002　서문

박정은
011　세 가지 선과 존재의 '도주선'
021　절편성으로 본 현대의 정치
031　'리좀'으로 산다는 것

송우정
043　기관 없는 신체를 향하여
054　리토르넬로와 우리 음악
067　리토르넬로와 현대음악
079　잠행자-되기

정기남
091　거북이 시-하기
098　바다-하기
109　박쥐-돼지꼬리-고래의-고독

서이서

119 구공탄과 얼굴성

128 시詩와 기관 없는 신체

136 봄밤, 이것임

김미경

147 교실 안의 들뢰즈

154 들뢰즈를 만나다

이수경

163 보르헤스의 모든 것-되기

171 기관 없는 몸의 흡혈성

181 들판 위에 울려 퍼지는 혁명의 리토르넬로

188 인간이 진화한 인류-되기

196 약력

197 소회

박정은

세 가지 선과 존재의 '도주선'

우리는 각자 선들을 가지고 있다. 내 안에 선이 있다. 『천 개의 고원』 여덟 번째 장을 읽으면서 문득 '선'이라는 단어에 특별한 거부감이 없는 나 자신을 발견하며 책을 끌어당겼다.

들뢰즈/가타리는 헨리 제임스의 단편소설 「철창 안에서」에 나오는 인물들이 보여주는 각자 다른 삶의 방식을 통해 우리를 구성하는 세 가지 선들을 이야기한다.

젊은 전신수인 여주인공은 많이 재단되고 아주 많이 계산된 삶을 살고 있다. 그녀의 삶은 제한된 절편들에 의해 진행된다. 그녀가 매일 계속해서 기재하는 전보들, 이 전보들을 받는 사람들, 서로 다른 방식으로 전신을 이용하는 사람들의 사회계급, 개수를 세어야만 하는 단어들. 게다가 주인공이 일하는 철창(cage)은 그녀의 약혼자가 일하는 이웃 식료품점에 인접해 있는 절편이다. 영토들의 인접성. 그리고 그녀의 약혼자는 그들의 미래, 일, 휴가, 집에 대해 끊임없이 판을 짜고 재단한다.[1]

이 여주인공 전신수의 삶에 '견고한 분할선'이 있다. 마치 모든 것이 정해진 대로 진행되어야만 할 것처럼 획일적이고 경직된 선분의 선이다. 들뢰즈/가타리는 결혼이라는 것을 두고도 "잘 결정되고 판이 잘 짜여진 놀이 전체. 미래가 있을 뿐 생성은 없다."[2]면서 우리의 첫 번째 선을 일깨운다. 모두가 아무렇지 않게 절편에서 절편으로 이행한다. 이 선은 강한 분절성을 가질 뿐, 이전에 없던 무엇이 생겨나지 않는다. 국가나 제도처럼 그램분자적인 거대 집합들뿐 아니라 개인들 사이까지, 살아가는 모든 곳에서 분명하게 규정된 선분들이 우리를 이리저리 온갖 방향으로 절단한다. 놀랍게도 우리는 이 그램분자적인 선에 너무 익숙한 나머지 다정하고 친근하게 여기기까지 한다.

D. H. 로렌스의 소설 『채털리 부인의 연인』[3] 에 나오는 주인공 코니도 결혼 생활의 일정 기간은 그랬다. 전쟁

---

[1] 들뢰즈/가타리, 김재인 옮김, 『천 개의 고원』, 새물결, 2001, 372쪽.
[2] 들뢰즈/가타리, 373쪽.
[3] D.H 로렌스, 이인규 옮김, 『채털리 부인의 연인 1』, 『채털리 부인의 연인 2』 2003.

에서의 부상으로 하반신이 마비된 남편 클리퍼드와 서로 애정을 가지고 대하며, 육체적 접촉 없이도 친밀한 부부 사이를 유지했다. 코니의 입장에서는 답답한 일이었지만 다른 모든 것들처럼 그저 받아들이며 나날이 살아갔다. 클리퍼드는 차갑고 냉정한 인물이다. 자신의 불구성 때문인지 정신적인 삶을 우위에 두고, 육체적인 삶을 동물적으로 여긴다. 게다가 코니에게도 그것을 수시로 주입시키는 견고한 남편이다. 집안에는 기계적이고 정돈된 질서가 엄격하게 지켜진다.

하지만 우리에게는 '유연한 분할선'도 내재되어 있다. 제임스의 소설에서 전신수가, 우체국에 들어와 암호화된 전보들을 보내는 부유한 커플의 비밀스런 삶에 끌려들어가듯이 이 두 번째 선에서는 다양한 일들이 벌어진다. 견고한 선분의 그램분자적인 분자선 보다는 양자量子들로 이루어진 분자들의 흐름에 가까워서 자잘한 변형이 일어나고, 굴곡이 생기며 선끼리 어떤 반응과 결합도 일어난다. 세상에서 우리의 역할도 직업이나 사회적 지위에 따라 주부, 경찰, 운동선수 등으로 굳건히 분절되어 존재하지만 그 안에서 어떤 일이 일어나는가, 어떤 유혹이 있는가, 선분들과 일치하지 않는 무엇과 연결접속하는가에 따라 '생성'이 일어나고 유연한 흐름이 형성되는 것이다. 이 선은 은밀하거나 개인적인 것이 아니어서 개체와 사회, 무리들을 가로지른다.

『채털리 부인의 연인』에서 클리퍼드와의 무감각한 생활을 그물을 짜듯 이어가던 코니의 일상에도 점차 균열이 일어난다. 여인다운 여인 코니는 육체적 접촉이 없는 일상에 점점 초조감을 느끼고 정신의 힘과 지성을 내세우는 클리퍼드와 그 주변의 남성들에게 강한 반감을 갖는다. 들뢰즈/가타리의 표현대로 "무슨 일이 일어났는가? 무슨 일이 일어날 수 있었는가? 하지만 이 삶은 그녀의 머리 속에 있는 것도 아니고 상상적인 것도 아니다"4) 코니는 알아차린 것이다.

> 어렴풋이 그녀는 자신이 단절되어 있다는 것, 즉 자신이 살아 있는 세상의 실체와의 접촉을 잃어버리고 말았다는 것을 알아차렸다.…진정한 존재가 없는, 즉 속에 아무것도 없는 것들만이 말이다! 공허에 이은 공허. 어렴풋이 그녀는 알아차리고 있었다. 그러나 그런 깨달음은 돌에다 머리를 들이받는 것과 같았다.5)

---

4) 들뢰즈/가타리, 373쪽.
5) D.H. 로렌스, 42쪽.

챗바퀴처럼 살면서 정신적 삶에 대한 증오심에 사로잡혀 있던 코니에게 사냥터지기 멜러즈와의 만남과 그와의 성적인 결합은, 육체가 깨어 살아있지 않다면 시체나 다를 바 없는 삶이라는 것을 믿게 한다. 코니에게 진정 소중한 것은 정신적 삶이 아니라 육체적 삶이라는 것을. 멜러즈는 남자와 여자가 따뜻하고 부드러운 마음으로 성행위를 할 수 있다면 모든 것이 다 잘될 것이라고 생각하는 인물이다. 둘의 만남은 이어지고 정신과 육체가 혼연일체된 관계를 지속한다.

헨리 제임스의 소설에서 전신수와 전보 발신자 사이에는 아무 일도 일어나지 않았고, 견고한 선이 유지된 것처럼 보이지만 들뢰즈/가타리는 모든 것이 변했기 때문에 여자는 세 번째 선인 '도주선'에 도달했다고 말한다. 우리를 가로질러 예상하지 못한 미지의 방향으로 데려가 버리는 이 선은, 새롭게 도약하는 창조의 선이기도 하다. 다른 선들에서 떨어져 나간 양 추상적이면서도 두드러지고 뒤틀려 있다. 하지만 또 어떻게 될지 알 수 없기에 "운명과는 대치되는 선"[6]이기도 하다.

---

6) 들뢰즈/클레르 파르네, 허희정·전승화 옮김, 『디알로그』, 새물결, 2005. 219쪽.

채털리 부인과 사냥터지기에 대한 소문이 마을에 퍼지고, 자신이 임신한 것을 확인한 코니는 마침내 클리퍼드와 헤어질 결심을 한다. 그러나 클리퍼드는 단호하게 거절한다. 코니와 멜러즈는 이혼 소송이 마무리될 때까지 서로 헤어져 있기로 한다. 멜러즈는 코니와의 사이에 존재하는 조그만 불꽃을 믿는다며 재회를 희망하는 편지를 보낸다.

D.H. 로렌스 자신이 문학의 목표를 '도주하기', '지평선을 가로지르기', '다른 삶으로 스며들기'라는 말을 남겼듯이 소설의 중심인물 코니도 스스로 도주선을 만들고 새로운 세상을 향해 나아간다. 코니는 이 도주가 책임을 회피하고 도망가거나, 자신이 속한 세상로부터의 탈출을 의미하는 것이 아니라는 것을 감동적으로 보여주었다. 이 소설을 노골적인 에로티시즘으로 몰아가는 것은 존재의 도주선을 간과한 읽기에 불과하다.

어쨌거나 우리는 세 종류의 선들이 끊임없이 뒤섞이고 내재적으로 복잡하게 얽힌 세상을 살아가고 있다. 견고한 분할선에 놓인 우리에게는 살아가는 동안 이항적 선택지가 놓이고 또 선택을 해야만 한다. 이때 이것을 작동시키는 것을 '절단'이라고 부른다. 하지만 삶의 방식이 이항적 선택으로만 작동하는 것은 아니어서 이와는 전혀 다른 유형의 파열이 일어나기도 한다. 똑 부러진 절단이 아니라 미세한 '균열'이다. 유연한 분할선은 견고한 분할선의 절단과 달리 리좀적이다. 어디로 갈지 알아채지도 못하는 사이에 접시에 금이 간 것처럼 균열이 일어난다. 다양하게 분할하고, 유연하지만 그만큼 염려스럽고 불안정하기도 하다.

이에 비해 도주선은 '단절'에 의해 그려진다. 기존의 것과 단절하여 새로운 방향으로 뻗어나가는 탈영토화의 선이다. 단절 속에서 지나간 것은 더 이상 존재하지 않는다.

우리는 각자 이 선들 가운데 어느 하나에 특별히 관심을 가질 수 있고, 다른 선들보다 중요하게 생각되는 한 선을 가질 수도 있다. 들뢰즈/가타리는 드디어 이 지점에서 도주선에 강하게 힘을 싣는다.

> 할 수만 있다면 우리는 우리의 도주선을 발명해야 하는데, 우리는 우리의 도주선을 삶 속에서 실제로 그려낼 때에만 그것을 발명할 수 있다. 도주선, 이것이 가장 어려운 것 아닐까? 어떤 집단들, 어떤 사람들은 도주선을 결여하고 있으며 결코 가져본 적도 없다. 어떤 집단들, 어떤 사람들은 그런 종류의 선을 결여하

고 있거나 잃어버렸다.[7)

 선의 배치를 다루는 '분열분석'에 의하면 선의 배치는 개인과 집단을 가로지른다. 선들은 그 특수한 성격에 따른 문제점들도 내포하고 있다. 사람들은 '견고한 분할선'이 사회적으로 결정되고 덧코드화 된다고 믿고, 유연한 절편성은 내적인 활동, 상상적인 무언가로 여기는데 도주선은 지극히 개인적인 것이며 세상으로부터 피난하는 방식쯤으로 생각하기 쉽다.

 하지만 도주선은 무작정 세상으로부터 도망가는 선이 아니라 수도관에 구멍을 뚫듯이, 세상을 달아나게 한다. 도주선은 상상이나 상징이 아니며 매우 능동적이다. 집단이나 개인이 도주선을 따라간다는 표현은 적절치 않다. 도주선은 오히려 스스로 창조하여 만들어내는 살아 있는 무기와 같다. 비록 그것이 사회에는 매우 위험할지라도.

 각각의 선들은 다 중요하다. 우리에게는 견고한 절편성이 주어져 있기 때문에 모두가 여기서 출발하기 쉽다. 유연한 절편성, 리좀에 의해 어떻게 절단되었는지를 보게 되고 그 다음에는 도주선이 어떻게 덧붙여지는지를 본다.

---

7) 들뢰즈/가타리, 386쪽.

아예 도주선에서 출발할 수도 있다. "도주선은 자기 때를 기다리고 다른 두 선의 폭발을 기다리기는 해도 그것은 처음부터 거기에 있다"[8]

또 각각의 선들은 고유한 위험들도 가지고 있다. 우리를 둘러싼 견고한 분할선의 분절성이 우리 삶의 기반을 이루고 있는 이상 갑작스레 그것을 파괴하기는 쉽지 않을 것이다. 유연한 분할선에도 위험은 있다. 어떤 분자선을 그리는 것만으로, 유연한 선 위로 휩쓸려 가는 것만으로는 충분치 않다. 견고한 분할선에서 보았던 위험을 다시 발견하게 되는데, 이항적인 선택에서 어느 쪽을 선택할지 애매하고 재영토화할 수도 있는 불안정함이 있다. 도주선은 그 자체로 창조적인 선임에도 불구하고 그 선을 어디에다 그릴 것인지에 따라서 실패하거나 혹은 블랙홀로 빨려 들어 갈 수 있는 무시무시한 위험이 도사리고 있다.

그럼에도 들뢰즈/가타리는 이 고원의 마지막을 이렇게 장식한다.

> 그것은 분리접속도 집합접속도 아니고, 오히려 새롭게 수용되기 위해 끊임없이 그려지는 도주선이다. 이것은 포기나 단념과는

---

[8] 들뢰즈/가타리, 390쪽.

반대된다. 이것은 새로운 행복 아닐까?[9]

존재의 도주선은 위험을 감수한 '새로운 행복'이다.

---

[9] 들뢰즈/가타리, 394쪽.

절편성으로 본 현대의 정치

 평소에 의식하진 못하지만 우리는 절편화된 삶을 살고 있다. 들뢰즈/가타리는 이 절편성이 "모든 곳에서", "모든 방향으로"[1] 우리를 구성한다고 하면서 방의 용도에 따라 집이 절편화 되고, 마을의 질서에 따라 거리가 절편화 되며, 작업의 특성에 따라 공장이 절편화 되는 예를 들었다. 우리가 당연하게 생각하고 사는 회사의 출퇴근 시간이나 학교의 학기 단위, 서로 다른 업무로 명확히 구분되는 활동이나 규칙 등도 알고 보면 절편적이다.

 그럼에도 일상적으로 다가오지 않는 절편성의 의미를 굳이 풀어보자면 나뉘는 것, 분리해 자르는 것으로 해석할 수 있다. 우리는 사회계급 등에 따라 이항적으로, 나를 둘러싸고 있는 환(環)들 안에서 원형적으로, 하나 또는 여러

---

[1] 들뢰즈/가타리, 김재인 옮김, 『천 개의 고원』, 새물결, 2003, 397쪽.

직선 위에서 선형적으로도 절편화 된다. 그리고 이 절편성은 서로 옮겨가기도 하고 변형되기도 한다.

들뢰즈/가타리는 미시정치를 설명하기 위해 절편성을 들고 나왔지만 원래 이 말은 원시사회를 들여다보기 위해 인류학자들이 만들어낸 개념이기도 하다. 레비스트로스는 원시 부족의 이원적인 조직화가 원형적인 형태와 결부되기도 하고 선형적으로도 이행한다는 것을 보여주었다. "고정된 국가 장치도 없고, 포괄적인 권력도 없고, 전문화된 정치 제도도 없는"[2] 원시사회는 사회적 절편들이 유연하고, 이질적인 것들 사이의 소통이 자연스러워서 절편에서 절편으로의 이어짐이 다양한 방식으로 일어났다. 인류학자들은 원시사회가 국가 중심이며 중앙집권적인 현대사회와 완전히 다르다고 보았다.

하지만 바로 이 지점에서 들뢰즈/가타리는 현대의 국가들이라고 해서 이보다 덜 절편적이라고 볼 수는 없다고 주장한다. "국가는 자신이 부양하거나 지속시키는 절편들 위에서 작동할 뿐 아니라 제 안에 나름의 절편성을 소유하고 있으며 또한 그것을 강요한다."[3] 그렇다면 우리가 알

---

2) 들뢰즈/가타리, 398쪽.
3) 들뢰즈/가타리, 399쪽.

고 싶은 현대의 정치체계 또한 중앙집권적인 것과 절편적인 것 사이의 고전적 대립이라기보다는 통합되고 통합하는 포괄적인 전체라고 보아야 할 것이다.

들뢰즈/가타리도 절편성과 중앙집중을 대립시키기보다는, 오히려 이 절편성을 '원시적이고 유연한 절편성'과 '현대적이고 견고한 절편성'이라는 두 유형으로 구분하고 이를 통해 절편성의 모습을 검증한다. 원시 사회에서는 남자 대 여자, 상층민 대 하층민 같은 '이항 대립'이 매우 강력하지만, 그 자체가 이항적이지 않은 기계들과의 배치물의 결과이다. 레비스트로스는 원시사회에서 남녀가 자신의 배우자를 다른 부족에서 구해야 한다는 규칙에 따르자면 세 개 이상의 집단이 존재한다는 것을 전제했다. 이런 의미에서 원시사회에서 이원론적 조직화가 유효하지 않은 이유를 보여준 것인데 오히려 이원적 기계는 현대사회에서 유효하다.

원시 부족들에게서 또다시 주목할 수 있는 '원형적 절편성'도 원들이 필연적으로 중앙집권적이라거나 동일한 중심을 가지고 있어야 하는 것이 아니다. "유연한 체제에서 중심들은 이미 노드들, 눈들, 또는 검은 구멍들처럼 작용한다."4) 중앙 집중은 절편화와 대립되지 않으며 원들은 구분된 채로 있다.

원시적이고 유연한 절편성과 견고하고 현대적인 절편성은 구분되기는 하지만 분리될 수 없으며, 뒤얽혀 있다. 유연한 절편성은 원시인들만의 특전이 아니며 우리 안에 있는 야만성의 잔존도 아니다. 어느 사회나 그램분자적인 절편성과 분자적인 절편성들에 의해 가로질러지며 원시적인 것과 현대적인 것이 공존하고 서로 옮겨간다. "요컨대 모든 것이 정치적이다. 그러나 모든 정치는 거시정치인 동시에 미시정치이다"5) 지각, 감정 등의 미시정치나 거대한 이항적 집합들이 다른 본성을 가진 분자적 배치물들로 옮겨가고 서로 의존하기도 한다. 사회계급 또한 동일한 운동이나 분배, 목적을 갖지 않으며, 동일한 방식으로 투쟁하지 않는 '군중'들과 관련되어 있다. 분자적 개념인 군중은 계급들로부터 끊임없이 새어 나와 흘러간다. 계급이 견고한 절편성의 선과 관련되어 있다면 군중은 유연하고 분자적인 절편성 혹은 분자적인 흐름이다. 견고한 절편성을 떠올리게 되는 관료주의조차도 행정상의 규제와 대비

---

4) 들뢰즈/가타리, 401쪽.
5) 들뢰즈/가타리, 406쪽.

되는 유연함과 창조력이 엄연히 존재한다.

> 견고한 절편성, 즉 칸막이로 구분된 인접한 사무실들 각각의 절편에 있는 부서장, 복도의 끝이나 건물 높은 곳에서 이루어지는 이에 상응하는 중앙집중화 등을 통해 관료주의를 규정하는 것만으로는 충분하지가 않다. 왜냐하면 이와 동시에 관료적인 절편화 작용, 사무실들의 유연성과 상호 소통, 관료주의의 도착(倒錯), 그리고 행정상의 규제와 모순되는 부단한 독창성이나 창조력 또한 분명히 존재하기 때문이다.6)

사무실을 나누는 장벽도 분자적인 환경에 빠져들게 된다. 견고한 절편들의 총체화와 공존하는 또 하나의 체제인 것이다. 파시즘도 마찬가지로 절편들의 중앙집중화와 구분되는 분자적인 체제를 내포하고 있다. 파시즘의 발명품이기도 한 전체주의 국가라는 개념은 견고한 절편성의 거시정치의 단계에서만 유효하다. 파시즘을 위험하게 만드는 것도 분자적이거나 미시적인 역량 즉 군중의 운동이기 때문이며, 그런 점에서 파시즘은 전체주의적인 유기체가 아니라 암적인 몸체인 것이다.

그런데, 유연하고 분자적인 절편성과 관련해서는 피해

---

6) 들뢰즈/가타리, 407쪽.

야만 하는 오류도 있다. 약간의 유연성으로도 충분하다는 믿음, 분자적인 것은 개인 또는 개인 상호 간의 사항에만 관련된다고 생각하는 것이다. 실제로 분자적인 것이 그램분자적인 것 못지않게 사회 영역 전체에 걸쳐 있고 현실적으로 그램분자적인 조직이 강력하면 할수록 요소들의 분자화는 촉진된다.

미시정치는 그 사회의 분자적인 것 '도주선'들에 의해, '군중'에 의해 정의된다. 우리가 살아가는 사회적 장은 군중들을 변용시키는 온갖 종류의 탈코드화와 탈영토화 운동들에 의해 지속적으로 생기를 부여받는다. 이 운동들이 도주선이자 군중의 문제이다. "좋은 정치이건 나쁜 정치이건 정치와 정치적 판단들은 항상 그램분자적이지만, 정치를 "행하는" 것은 분자적인 것이자, 분자적인 것에 대한 평가이다"[7]

선의 이야기로 다시 가 보자. 우리에게는 비교적 유연한 선, 견고한 선, 도주선이 있다. 유연한 선은 원시적 절편성에서 시작된 코드와 영토성이 뒤얽힌 선이며, 견고한 선은 사회공간이 국가장치를 내포하고 일반화된 덧코드화가 실행된다. 도주선은 탈코드화와 탈영토화하는 하나 또

---

7) 들뢰즈/가타리, 422쪽.

는 여러 개의 선이다. 이 세 종류의 선은 공존한다. 도주선과 견고한 선들 사이를 유연한 절편들이 진동한다. 견고한 절편성의 로마제국을 떠올려 보더라도 당시에 공명의 중심과 함께 주변국가, 그리고 전혀 다른 유목민들의 선이 있었다. 이들은 유동적이고 탈영토화하며 국가없는 전쟁기계에 의해 복잡하게 얽혀 있었다.

견고한 절편성, 거시-절편성을 규정하는 것은 '덧코드화적인 추상기계'이다. 절편들의 모든 중심을 공명시키고 홈이 패인 공간을 모든 방향으로 연장시키면서 절편들을 생산 재생산하는 이런 종류의 기계는 국가 장치를 가리킨다. 그러나 이 기계가 국가 장치 자체는 아니다. 하나의 국가가 전체주의가 되는 것은 "닫힌 꽃병 상태"[8]를 통해 재영토화를 수행하면서 덧코드화의 세계적 기계와 동일화될 때이다. 다른 한편에는 '변이의 추상적인 기계'가 있어 탈코드화, 탈영토화한다. 이 기계는 양자들로 이루어진 흐름을 인도하고 흐름들을 창조하는 새로운 도주선을 그린다.

   도주선들은 자신의 강렬함들을 연결접속하고 계속시키며, 그

---

8) 들뢰즈/가타리, 425쪽.

와 동시에 입자 - 기호들을 검은 구멍들 바깥으로 분출시키고, 그것들이 선회하는 거대한 검은 구멍들로, 그것들을 가로막는 그램 분자적인 접합접속들로 급선회하며, 또 이항화되고 집중되고 중심의 검은 구멍에 축을 세우고 덧코드화인 안정적인 절편들 속으로 들어간다.[9]

권력의 중심 또는 초점은 이 모든 선들의 뒤섞임을 보여준다. 국가는 하나의 점이 아니라 모든 점들의 공명상자이다. 전체주의 국가라 하더라도 각각의 중심들과 절편들을 위한 공명 기능은 바뀌지 않는다. 또한 각 권력의 중심은 분자적이며 미시논리적이다. 학교는 교장의 권력이 아니라 교사, 학생, 수위 등 미시적인 권력작용에 의해 유지되고, 군대의 초점은 장군이 아니라 하급장교, 하사관, 병사들의 힘의 관계이다. 억압당하는 자가 능동적일 수 있는 것은 마조히즘이 아닌 미시적 짜임 때문이다. 미시적 짜임은 양자들로 이루어진 선을 절편들로 이루어진 선으로 끌어내리기도 하고, 절편들로 이루어진 선에서 도주시키기도 한다. 이 때문에 "권력의 중심들은 자신의 역량(puissance)의 원칙과 자신의 무력함(impuissance)의 토대를 동시에 만나게 된다."[10] 이 역량과 무력함은 대립하

---

9) 들뢰즈/가타리, 426쪽.

는 게 아니라 서로 보충하고 보강한다.

정말 위대한 정치인이란 누구를 말하는 것일까? 들뢰즈/가타리의 말대로라면 흐름들에 자신을 접속하고 검은 구멍을 뛰어넘는 양자들을 방출하는 자, 도주선을 예감하고 뒤쫓거나 앞서가는 자이다. 모든 권력의 중심은 견고한 선의 절편들과 관련된 역량의 지대, 미시-물리학적인 식별 불가능성의 지대, 통제하지 못하는 흐름들과 관련된 무력함의 지대를 지닌다. 여기서 각각의 권력의 중심이 자신의 역량을 이끌어내는 것은 자신의 무력함의 토대로부터이다. 권력의 냉혹함과 허망함이 여기에 있다.

모든 경우에 권력 중심의 첫 번째 지대는 국가기구 속에서, 두 번째 지대는 분자적 조직 속에서, 세 번째 지대는 추상적인 기계 속에서 규정된다. 이들 세 가지 선 중에서 어느 선이 더 좋거나 나쁘다고 말할 수 없으며, 네 가지의 그 위험성을 갖고 있다. 우선 '공포'다. 우리는 항상 잃는 것을 두려워하며 잘 규정된 지위를 부여해주는 것들, 우리를 지배하는 덧코드화의 체계, 이런 것들을 원한다. 절편성이 견고할수록 더 안심하게 되는 것이다. 두 번째는 위험은 '명확함'이다. 이것은 그램분자적인 구조 속의

---

10) 들뢰즈/가타리, 428-429쪽.

구멍들과 공백을 드러내는 음향적이거나, 시각적인 미시-시각에 접근하는 것이다. 견고한 절편성과 더이상 일치하지 않는 일들이 일어날 때, 외관상의 유연한 움직임을 명확하게 들여다보려는 것이다.[11]

다음은 '권력'이다. "권력자는 끊임없이 도주선들을 정지시키려 하고, 그러기 위해 덧코드화의 기계 속에 변이의 기계를 붙잡아 고정시킨다."[12] 권력은 두 선 위에 동시에 걸쳐있다. 견고한 절편들로부터, 미세한 절편화 작용들로 그것들의 확산과 상호작용들로 나아가며, 그 역으로 진행되기도 한다. 마지막은 '도주선 자체'이다. 도주선들은 파괴할 수 있는 것을 모두 파괴한 후 자신도 해체되고 파괴되어버릴 수 있는 위험이 있다. 도주선은 새로운 것을 창조하고 생성하며 다른 삶으로 인도하는 선이지만, 파괴와 소멸의 가능성을 안고 있다. 도주선들 그리는 배치물은 전쟁 기계의 유형을 하고 있다.

그리고 "전쟁 기계는 유목민적인 기원을 가지며 국가장치에 맞선다."[13]

---

11) 들뢰즈/가타리, 431-434쪽.
12) 들뢰즈/가타리, 435쪽.
13) 들뢰즈/가타리, 430쪽.

'리좀'으로 산다는 것

 들뢰즈/가타리는 땅속줄기 식물 '리좀(Rhizome)'으로 『천 개의 고원』을 아우른다. 감자나 토란처럼 땅속에서 이리저리 뻗어 자라는 구근(bulbs)이나 덩이줄기(tubers) 형태의 리좀은 나무뿌리들이 그렇듯 하나의 중심 뿌리로부터 잔뿌리가 나오는 형상이 아니라 땅속줄기 자체가 나뉘고 갈라진 다양체이다. 리좀은 뿌리, 줄기, 잎으로 구조화된 수목형 나무와도 대비되며 스스로의 엉킴과 번짐을 통해 확장된다.

 신박하고, 무한하고, 자유로운 느낌을 주는 이 개념은 "n-1에서 써라. 그런 체계를 리좀이라고 부를 수 있을 것이다."[1]는 세상 낯선 문장으로 천 개의 고원에 처음 등장한다. 그리고 저자들은 리좀으로 고원을 넘나들기 전에

---
1) 들뢰즈/가타리, 김재인 옮김, 『천 개의 고원』, 새물결, 2003. 18쪽.

'책'에 대한 이야기를 먼저 꺼내 들고 충격요법으로 주의를 환기시킨다.

"책에는 대상도 주체도 없다."[2]라는. 평범한 독서 인생에 한 번도 생각해보지 않았던 말이다.

책은 여러 형식을 띤 질료들로 이루어져 있고, 날짜와 시간도 다양하다. 우리가 책이 어떤 주체의 것이라고 말해버리면 책의 외부성을 무시하는 것이 된다. 이때 외부성이란 책이 쓰여진 시대나 상황이 될 수도 있고, 읽는 이의 감상, 책의 내용과 비슷하거나 반대되는 사유 등 다양하다. 실제로 책 모임에서 독서토론을 해보면 같은 책을 읽고도 전혀 다른 생각이나 다양한 말들이 쏟아져 나오는 경험을 하곤 한다.

책은 다른 배치물들과 연결접속 되어 있는 '배치물'이자, 특정한 누군가의 것이 될 수 없는 '다양체'이다. 활자화 되어 있는 하나의 책은 외부와의 만남을 통해 다른 책-기계로 변환된다. 들뢰즈/가타리는 흔한 독자들이 책을 읽고 나서 하듯 책이 무엇을 말하고자 하는 것인가를 묻지 말라며, 책으로부터 이해해야 할 어떤 무엇을 찾는 행위를 거부한다.

---

2) 들뢰즈/가타리, 11쪽.

오히려 이런 것들을 물어봐야 한다. 책이 무엇과 더불어 기능하는지, 책이 무엇과 연결접속 되었을 때 강렬함을 통과시키거나 가로막는지, 책이 어떤 다양체들 속에 자신의 다양체를 집어넣어 변형시키는지, 책이 자신의 기관 없는 몸체를 어떤 기관 없는 몸체들에 수렴시키는지. 하나의 책은 바깥을 통해서만, 바깥에서만 존재한다.[3]

우리가 읽는 책의 모습들을 들뢰즈/가타리가 몇 가지 유형으로 나눈 점은 더 흥미롭다. 책 전체가 유기적이고도 아름다운 내부성을 갖는 고전적인 책들은 '뿌리-책', 본뿌리 위해 곁뿌리라는 다양체가 접목된 듯한 전집이나 걸작 류는 '수염뿌리' 책의 모습이다. 뿌리-책은 세계를 모방해서 만든 오래된 사유이며, 수염뿌리 책이라 해도 여전히 본뿌리로 통일될 가능성이 남아있다.[4]

책은 세계의 이미지가 결코 아니며 세계와 더불어 리좀이 되어야 한다고 믿는 저자들은 뿌리나 수염뿌리와는 완전히 다른 리좀의 원리를 들려준다.[5] 먼저 '연결접속의 원리'와 '다질성多質性의 원리'이다. 리좀은 말 그대로 다른 지점과 연결접속 된다. 하나의 질서로 고정시키려는 나무

---

[3] 들뢰즈/가타리, 13-14쪽.
[4] 들뢰즈/가타리, 14-16쪽.
[5] 이하 리좀의 원리, 들뢰즈/가타리, 19-30쪽 참조.

나 뿌리와 달리 리좀은 어떤 다른 점과 접속해 새로운 전체를 만들어낸다. 이때 연결접속을 설명하며 거론한 사람이 언어학자 촘스키다. 촘스키는 언어의 구조와 규칙을 연구해, 문법적으로 '모든 문장을 지배하는 정언(定言)적 문장 S'라는 통사론적 표지를 내세웠다. 들뢰즈/가타리가 보기에 이러한 언어학의 모델은 나무이자 권력의 표지이다. 리좀을 언어학적 특질에 가둘 필요도 없으며, 온갖 기호계적 사슬들이 잡다한 코드화 양태들에 연결접속될 뿐이다. 리좀적인 접속은 '다질적'이다. 다양한 종류의 이질적인 것들이 결합하여 새로운 것을 만들어 나간다.

다음은 '다양체의 원리'이다. 다양체들은 리좀 모양을 하고 있어 주축 역할을 하는 통일성이 없을 뿐 아니라 연결접속들을 해 나감에 따라 변화를 겪게 된다. 당연히 주체 안으로 회귀하지도 않는다.

> 다양체는 주체도 객체도 없다. 다양체가 가질 수 있는 것은 규정, 크기, 차원들뿐이다. 그리고 그것들은 다양체의 본성이 변할 때에만 증가할 수 있다.[6]

---

6) 들뢰즈/가타리, 21쪽.

꼭두각시 줄도 하나라고 가정된 예술가의 의지가 아니라 신경섬유의 다양체에 연결 접속되어 새로운 꼭두각시를 만든다. 리좀에는 특정하게 지정된 위치나 점이 없고 선들만 있다. 피아니스트 글렌 굴드(Glenn Gould)가 가속을 붙여 연주할 때 음악을 변형시키고 악곡 전체를 증식시키듯이, 수數가 원소들을 측정하는 보편적인 개념이기를 멈추고 해당되는 차원에 따라 변하는 다양체가 되듯이. 들뢰즈/가타리가 경계하는 통일성은 다양체 안에서 기표가 권력을 장악할 때 생겨난다. 특정 체계의 차원을 보완하는 차원 속에서 작동하지만 다양체는 결코 자신을 덧코드화 하게 놔두지 않는다. 다양체들은 도주선 또는 탈영토화의 선이다.

리좀은 또 '탈기표적인 단절'을 한다. 탈기표라는 용어처럼 언어적인 중심 구조가 없다. 어떤 곳에서든 끊어지거나 깨질 수 있으며 특정한 선, 혹은 다른 새로운 선들을 따라 복구되기도 한다. 개미떼가 동물 리좀을 형성해, 죽여도 계속 나오는 것처럼. 서양란이 말벌을 유혹하기 위해 말벌의 색깔을 흉내 내며 자신을 탈영토화하고, 말벌이 난초의 이미지를 재영토화하며 서로 이질적인 리좀을 형성하는 것처럼.

> 항상 단절을 통해 리좀을 따라 가라, 도주선을 늘이고 연장시키고 연계하라, 그것을 변주(變奏)시켜라, n차원에서 방향이 꺾인, 아마도 가장 추상적이면서 가장 꼬여 있는 선을 생산할 때까지. 탈영토화된 흐름들을 결합시켜라.[7]

끝으로 '지도 제작(=製圖)'과 '전사(轉寫)' 원리이다. 리좀은 어떠한 모델도 모방하지 않는다. 새로운 지도를 그릴 뿐이다. 발생축이니 심층구조니 하는 것은 무한히 복제될 수 있는 본뜨기에 불과하다고 들뢰즈/가타리는 말한다. 모든 나무의 논리는 본뜨기의 논리이다. 리좀은 사본이 아니라 지도를 만든다. 지도는 무의식을 복제하지 않고 구성해내며 모든 장들을 연결 접속한다. 어찌보면 지도는 그 자체로 리좀이다. 지도는 열려있고, 연결접속하고, 분해될 수도 변형될 수도 있다. 찢을 수도 뒤집을 수도 있다. 지도는 입구도 다양하지만 사본은 회귀한다.

우리는 사본을 지도로 바꿔 놓아야 한다. 사본은 다른 어떤 것을 복제하는 것이 아니라 자기 자신을 복제한다. 정신분석은 무의식의, 언어학은 언어의 사본이나 사진만

---

7) 들뢰즈/가타리, 27-28쪽.

을 만들어 냈을 뿐이라고 한다. 리좀이 나무처럼 되어서는 안된다. 사본을 다시 지도에 연결시키듯이 나무의 가지나 뿌리의 갈래도 리좀으로 발아시켜야 한다. 재생산과 회귀는 우리를 더 나아가지 못하게 하기 때문이다.

『천 개의 고원』에서 저자들이 그렇게나 경계하는 나무체계는 중심이 뚜렷하고 주변에 가지들을 동일화 시켜버린다.

> 나무체계는 위계적인 체계로서 의미생성과 주체화의 중심을 포함하고 있다. 그것은 조직화된 기억 같은 중앙 자동장치를 갖고 있다. 이런 까닭에 나무체계모델 안에 있는 하나의 요소는 상위의 통일성으로부터만 정보를 받아들이며, 미리 설정된 연결들을 통해서만 주체의 직무를 받아들인다.[8]

들뢰즈/가타리는 나무체계가 서양의 현실과 모든 사유를 지배해 온 것을 통탄하면서 동서양을 비교한다. 서양은 숲과 벌채와 특권적 관계를 맺고 있으며 숲을 정복해 밭을 만들고 종자식물을 심었다고 비유하고 있다. 선택된, 나무 유형의 혈통 재배이다. 이와 달리 동양은 숲과 밭보다는 초원과 정원, 혹은 사막과 오아시스에 가깝다.

---
8) 들뢰즈/가타리, 38쪽.

동양은 소수 개체들에 기반을 둔 원예를 지향했다. 나무 모델이 아닌 리좀모델, 덩이줄기 문화로 이해된다.

서양의 도덕이나 철학은 초월적이며, 동양의 도덕이나 철학은 내재적이다. 들뢰즈/가타리는 "초월성 그것은 진정 유럽의 질병이다"라고 일갈한다. 몸 안에 나무가 심겨진 유럽인들은 제멋대로 자라는 풀을 잃어버렸다고 비판한다. 한데 미국은 이와 다르다. 미국도 뿌리를 추구하는 나무에 의한 지배가 없지는 않았지만, 비트족, 밴드와 갱들 등등 바깥과 연결접속된 돌출들에 의해 미국적인 리좀이 진행되고 있다. 책 이야기로 다시 돌아가도 미국 책과 유럽 책은 다르다.

리좀은 나무뿌리와 다르다. 어떤 지점에서든 연결접속된다. 이때 자신과 동일한 본성이 아닌 아주 다른 기호체제들을 작동시킨다. 리좀은 단위가 아니라 일종의 차원 또는 움직이는 방향들이라고 보면 된다. 시작과 끝이 따로 있지 않아 중간을 통해 넘치도록 자라난다. 리좀이 n차원에서 선형적 다양체를 구성하면 n-1로 하나가 빠져나온다. 그리고 "리좀은 선들로만 이루어져 있다."[9] 여러 차원의 분할선들과 들뢰즈/가타리가 최고의 차원으로 인

---

9) 들뢰즈/가타리, 47쪽.

정하는 도주선 혹은 탈영토화의 선이 있다. 다양체는 선을 따라 본성이 변하고 또 변신한다.

> 리좀은 일종의 반(反)계보이다. 그것은 짧은 기억 또는 반기억이다. 리좀은 변이, 팽창, 정복, 포획, 꺾꽂이를 통해 나아간다. 문자 표기법, 데생, 사진과 달리, 또한 사본과도 달리 리좀은 생산되고 구성되어야 하며, 항상 분해될 수 있고 연결 접속될 수 있고 역전될 수 있고 수정될 수 있는 지도와 관련되어 있으며, 다양한 출입구와 관련되어 있으며, 나름의 도주선들을 갖고 있다.10)

중앙 집중화하지 않고, 위계도 없고, 기표작용도 하지 않는 리좀에는 오로지 상태나 차원들이 순환하고 있을 뿐이다. 리좀식으로 말하자면 책도 "실재의 영역인 세계, 재현의 영역인 책, 그리고 주체성의 영역인 저자라는 삼분법은 더 이상 존재하지 않는다." 배치물로서의 책, 주축뿌리나 수염뿌리 형태가 아닌 뿌리를 내리지 않는 리좀책이 있을 뿐이다.

리좀은 '그리고'라는 접속사의 무한 연결이다. 씨를 뿌리는 것이 아니라 꽃을 꺾어 꽂듯이, 자신의 지도를 자유

---

10) 들뢰즈/가타리, 47-48쪽.

로이 만들어 나가면 된다. 우리는 언제나 중간에서 다시 시작할 수 있다.

송우정

기관 없는 신체를 향하여

"나는 바깥 세계에 대해서는 전혀 아무런 관심도 없이 행동했으며 여러 날을 자신의 내면에 귀 기울이고, 강물 소리를. 거기 내 마음속 지하에서 출렁이는 어두운 강물 소리를 듣는 데만 열중했다."[1]

처음 직장 생활을 시작했을 때, 나는 달리의 그림책을 책꽂이에 꽂아 놓고 뒤적이곤 했다. 그 중에서도 특히 〈기억의 지속〉(1931년)은 축 늘어진 시계가 매일 똑같은 일상을 되풀이하는 내 삶의 권태로움을 잘 표현해 주는 것 같았다. 그림의 이미지는 달리의 고향 바닷가 마을이 배경이고, 개미로 뒤덮힌 시계는 죽음을 상징한다고 해석하기도 하지만 내게는 바닷가 마을이 적막한 사막 같은 내면을 표현하는 동시에, 한없이 아름답게 느껴지는 부분이

---
[1] 헤르만 헤세, 전영애 옮김, 『데미안』, 민음사, 1997, 93쪽.

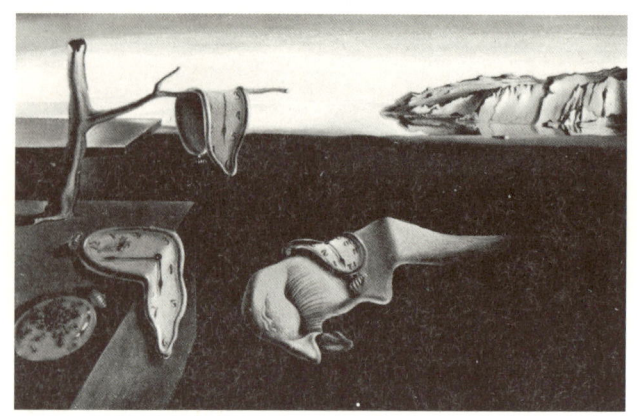

달리, 〈기억의 지속〉(1931), 세계의 미술(단문당), 36쪽.

있었다. 늘어진 시계가 권태롭기도 한 세계를 표현한 것 같지만 늘어진 권태를 숨을 죽이고 가만히 보고 있으면, 그 속에 얼마나 많은 새로운 것들이 잠재되어 있는지, 또 다른 환상적인 세계가 숨겨져 있는지 보이는 것도 같았다. 저 죽음같은 고요함 속에 숨어있는 폭발하고 싶은 에너지. 아마 시계도 빈틈없이 빡빡한 자신의 하루하루가 힘들어 달리의 손을 빌려 죽고 싶거나, 다른 꿈을 꾸거나 도망을 가고 싶었을 것이다. 지금 생각하면 달리의 시계는 내면적으로 들뢰즈의 이론에 나오는 탈영토화의 탈주를 그리지 않았나 생각이 드는 것이다.

그리고 또 다른 달리의 그림 〈나르키소스의 변모〉(1937)

달리, 〈나르키소스의 변모〉(1937), 세계의 미술(단문당), 54쪽.

는 달걀처럼 생긴 파편적이고 분열적인 소재들, 그것들이 뭔지 모르겠지만 좋았다. 늘 같은 생활 패턴이 되풀이 되는 현실에서 알을 깨고 수선화가 피어오르는 그리스 신화의 암시적인 분위기를 담은 달리의 독특한 환상적인 세계는 한 때의 피신처가 되어주었다. 그림을 잘 몰랐던 내가 왜 하필 달리의 그림에 끌렸는지 알 수 없었다. 우리가 아는 언어 외의 또 다른 언어로 그림을 그리는 무의식의 세계를 장착한 달리가 부럽기도 했고, 그것은 또 다른 의미에서 딱딱해져가는 내 머리를 말랑하게 주물러 주는 느낌을 받기도 했으니 고마운 일이었다.

그리고 많은 시간이 흘러 『천 개의 고원』을 읽으면서 베이컨을 알게 되었다. 베이컨의 그림에 대해 해석하는 들뢰즈를 공부하면서 그 당시 내가 왜 달리의 그림을 좋아했는지 조금은 이해가 되었다. '기관 없는 신체' 본래 이 개념은 광기와 잔혹극의 작가인 아르토(1896~1948)에게서 차용한 것이다. '기관 없는 신체'란 신체와 유기체를 분리하는 개념이고, 유기적 표상 이전의 신체 상태를 가장 정확하게 보여 주는 것은 알의 이미지이다. 달리의 그림에 얼굴 대신 자주 등장하는 계란과 같은 알의 이미지는 생명을 가두고 있는 껍데기인 유기체와 대립적인 생명전체를 의미하는 것이라고 했다. 달리의 그림을 보던 그 당시 나는 알이란 태어나기 이전의 상태, 자궁에서의 첫 시작점이라고 생각했던 것 같다. 맑고 따뜻한 자궁 속에서 완벽한 휴식을 취하며 편안하게 물 위에 떠 있는 한 생명체, 당연히 행복해야 할 인간의 모습이. 그 도취 상태에서 언젠가는 깨고 나와야 하는 알이기도 하면서, 다시 회귀해야 하는 어떤 자리를 뜻하기도 한다는 생각을 하곤 했다. 그래서 알의 모습을 한 달리의 나르키소스적 얼굴이 나에게 어떤 근원적인 것을 불러일으키는 느낌으로 와 닿

앉던 것일까. 헤르만 헤세의 소설 『데미안』에서 언급되는 알을 깨고 나가기 위해 내면의 소리를, 금지된 검은 흐름의 소리를 듣는 일에 몰두하는 일들 또한 들뢰즈/가타리가 주장하는 탈영토화의 기본 조건이 되는 것이라 볼 수 있을 것이다.

내가 들뢰즈를 알기 이전에 화가 베이컨은 달리와 비슷한 듯 전혀 다른 이질적인 그림을 그리는, 오래 들여다보기 힘들지만 다시 돌아보게 되는 그림을 그리는 화가였다. 머리 말고 감각으로 읽어내야 하는데 감각이 무뎌져버린 것인가 그림을 이해하기가 쉽지 않았다. 들뢰즈의 해석을 읽고서야 비로소 자세히 들여다볼 수 있게 되었고, 오래된 숙제를 푼 느낌이었다. 들뢰즈는 '기관 없는 신체'를 유기적 표상 이전의 신체 상태라고 말했다.[2] 그것은 알의 이미지이며 입도 없고, 혀도 없고, 이빨도, 목구멍도 없는 아르토의 말과 일치한다. 베이컨은 자신의 그림을 설명하면서 '사람의 얼굴은 아직 자기 낯을 갖추지 못했다'고 말했다. 그의 그림은 유기체를 지워 그 밑에 있는 신체로 되돌아간 상태를 뜻한다고 했으며, 베이컨의 형상도 엄밀히

---

[2] 들뢰즈/가타리, 김재인 옮김, 『천 개의 고원』, 새물결, 2003, 304쪽 참조.

베이컨, 〈조지 다이어 세 가지 연구〉(1966)

말해 기관 없는 신체이고, 신체를 위해 유기체를 해체하고 머리를 위해 얼굴을 해체한 그림이다. 기관 없는 신체는 살과 신경만 남은 몸이다. 그가 화폭에 펼쳐 놓는 그림도 단지 신체 위에 작용하는 힘들의 행위 혹은 감각일 것이며. 베이컨이 화면을 지우거나 솔로 문지르는 것은 유기체적 부분들을 지우기 위해서이고, 지우기 작업을 통해 이 부분들은 감각의 영역 혹은 층위의 상태로 되돌아간다.

베이컨의 그림에서는 살도 추락하면서 뼈에 의해 지탱되지 않고 흘러내린다. 들뢰즈의 담론에서 알은 신체와 동의어이고, 신체는 또 감각과 동의어이며, 한편 신체와 유기체는 대립적이다. 유기체는 생명 그 자체가 아니라 생명을 가두고 있는 껍데기일 뿐이다. 알에는 축과 벡터, 경도, 영역, 키네틱 운동, 역동적 경향이 들어 있다. 베이컨은 처음엔 삽화적인 방식으로 이미지를 세밀하게 묘사하기 시작한다. 그러나 결과가 너무나 진부해서 낙담한다. 그래서 자신이 뭘 하는지 모르는 채 그냥 이미지를 마구 파괴해 버린다. 상투성과의 싸움이다. 그리고 이미지 안에 자유로운 표시들을 해 놓는다. 이 표시들은 느닷없고, 우연적인 것이다. 어떤 결과가 나올지 전혀 모르는 상태에서 붓으로 아무렇게나 표시들을 하고 있다 보면 갑자기 나타나는 그 뭔가가 원래 자기가 원했던 이미지에 아주 근접한 것이 나타난다.[3] 화가의 의도와 상관이 없다는 점에서 손적이다. 이미지들 사이의 의도된 연관을 깨트리기 위해 헝겊으로 닦아 내고, 붓이나 빗자루로 쓸고 문지른다. 얼굴은 해체되고, 머리가 솟아난다. 얼굴은 자신의 형태를 상실하고, 자주 동물에 의해 대체된다. 동물-되기가 되는 것이다.

베이컨은 감각이란 하나의 질서에서 다른 질서로, 하나의 층위에서 다른 층위로, 하나의 영역에서 다른 영역으로 이동하는 것이라고 말했다.[4] 감각은 변형을 만들어 내는 원인이다. 베이컨의 그림에서 신체나 얼굴이 비비꼬이거나 일그러지는 것은 안간힘을 쓰는 인간의 비극적인 모

---

[3] 박정자, 『눈과 손, 그리고 햅틱』, 기파랑 에크리, 2015, 167쪽 참조.
[4] 질 들뢰즈, 하태환 옮김, 『감각의 논리』, 민음사, 2021, 49쪽.

습처럼 보이기도 하고, 얼굴이 리듬을 따라 움직이는 운동성을 나타나고 있는 것 같기도 하다. 베이컨이 많은 작품들에서 보여준 시도들은 들뢰즈의 철학에 그대로 적용된다. 특히 들뢰즈의 존재론과 관계하는데, 어디선가 "들뢰즈의 존재론은 전통적인 'be' 동사에서 출발하는 것이 아니라 오히려 'can'에서 출발한다"고 들은 적이 있다. 들뢰즈의 'can'의 의미는 단순히 무엇을 할 수 있음을 의미하는 것이 아니라 생성으로, 힘으로 이어지는 자신의 존재론을 구축한다는 뜻인 듯하다.

결국 달리나 베이컨이나 들뢰즈를 통해 내가 느낀 중요한 핵심 중 하나는 탈영토화를 통한 '기관 없는 신체'에 관한 이야기이며, 들뢰즈/가타리는 여러 분야에서 탈영토화에 관한 이론을 제시한다. 그 중에서 특히 음악을 활용한 탈주에 관한 이야기는 상당히 재미있었다. 음악에서 어떤 조성이 잘 나가다 생소한 하나의 반음이 나타나고, 그 자그마하고 생소한 반음이 탈영토화를 위한 탈주선을 그리며 다른 조성으로 나아가는 징검다리가 된다. 음악적으로는 아주 단순한 이론을 가지고 탈주라는 단어를 가져다 붙이고, 또 그것이 아주 큰 사건이 된다는 이론은 읽어 내려

가면서 감탄을 자아내게 하였다. 이런 아이디어를 음악적인 탈영토화와 탈주라는 이론으로 그려낸다는 것은 또한 상당히 감동적이기도 하였다. 예를 들면 조성이 아무것도 없는 다장조에서 갑자기 'F'(파)음에 샵(♯)이 붙었을 때 사장조로의 이행을 뜻하며 기존의 다장조에서 사장조로 탈주하게 된다. 기존의 조표에서 다른 뭔가 하나의 새로운 샵(♯)이나 플랫(♭)이 등장하게 되면 또 다른 탈영토화에 이르게 되면서 다른 조로 이행하게 되는 것이다. 그리고 메시앙의 새-되기, 슈만의 아이-되기, 피에르 블레즈의 전자악기에 의한 분자화로 열리는 탈영토화된 우주의 음악에 대해 이야기하기도 한다.

달리의 그림이나 베이컨의 그림이나 음악에서의 조옮김이나 현대음악 모두 『천 개의 고원』에 나오는 탈영토화와 연관이 되며, 궁극적으로는 '기관 없는 신체'로 가기 위한 과정이라고 생각되었다. 『천 개의 고원』은 이런 식으로 아주 많은 분야에서 자신들의 이론을 설명하며 변주해 나간다. 그러다 우리가 잘 아는 어느 분야에서 그들의 이론을 이해하게 되었을 때, 다른 지질학적 이론이나 수학 이론 같은 것은 어려워서 잘 이해해 내지 못해도 그들이

하고자 하는 이야기를 충분히 납득하며 천 개의 고원을 넘게 되는 것이다. 그렇게 소설을 읽듯, 시를 읽듯 끝까지 읽게 되는 힘들지만 뿌듯한 시간을 가지는 것이다.

그렇지만 들뢰즈/가타리가 주장하는 탈영토화나 탈주를 정작 우리는 생활 속에서 얼마나 적용하면서 생활하고 있는가? 그 방법을 알기나 하는가? 사람들은 만나면 많은 이야기들을 한다. 그 많은 이야기들은 아쉽게도 늘 같은 지점을 가리킨다. TV는 우리를 마춰시킨다. 연속극은 자극적인 내용으로 우리를 가두어 둔다. 사람들은 숨을 쉬면서 살고 있다고 생각할지 모르지만. 들뢰즈/가타리『천 개의 고원』거의 모든 고원에서 다루고 있는 탈주선에 대한 내용은 상당히 지적이면서 자각을 불러일으킨다.

좀 더 근원으로, 좀 더 자신을 깊게 들여다보기 위해 내가 살고 있는 모든 방식들을 점검해 본다. 방치되어서 점점 갈수록 알 수 없게 되어버리는 자신이란 존재를, 왜 사는지를 다시 되돌아보는 계기가 된다. 결국은 자기자신 속으로 들어가 자신의 얼굴을 대면하는 것, 다시 알로 돌아가진 못해도 아이로 돌아가기 위해 감각하는 방법을 습득하는 것, 녹슨 감각을 세척하는 방법을.

리토르넬로에서 이야기하듯 연대를 통한 새로운 삶의 방법과 사회의 모습을 변화시키는 부분까지 『천 개의 고원』이 가리키는 그 어떤 지점을 생각하며 책을 덮는다.

리토르넬로와 우리 음악

〈미궁〉이라는 곡이 유행했던 때가 있었다. 여태까지 듣던 것과 완전히 다른 종류의 음악, 우리가 따라 부를 수 없는, 어쩌면 여성의 목소리만이 표현할 수 있는 외침과 절규. 1975년에 발표한 작곡가이자 가야금 연주자 故 황병기의 작품이다. 한국 무용계에서 최초로 아방가르드 무용을 선보인 홍신자의 목소리와 황병기의 가야금 연주로 만들어진, 사람의 목구멍에서 나올 만한 모든 소리를 들려주는 것 같은 〈미궁〉은 18분에 달하는 곡이다.

가야금과 목소리, 단출한 구성이지만 귀신의 방언처럼 들리는 말과 웃음소리, 섬찟한 가야금 선율이 본능적인 공포를 자극한다. 실제로 1975년 명동 국립극장에서 처음 공연했을 당시, 한 관객이 비명을 지르며 공연장에서 도망치는 소동이 발생하기도 했다. 이에 정부는 곡이 기괴하다며 연주 금지를 명령할 정도였다. 이 곡을 3번 들으면 죽는다는 말이 떠돌 정도였으니 그 당시로서는 상당히 파격적인 현대음악이었다. 연주 도중에 웃기도 하고 울기도 하고, 가야금도 우리가 알던 손으로 연주하는 가야금소리가 아니고 바이올린 활을 이용해 아쟁처럼 연주하거나, 빨래판으로 연주하는 등 새로운 시도가 돋보이는 이 곡의 전체적인 주제는 모든 인간이 느끼는 원초적인 희로애락을 표현한 것이라고 한다.

연주의 전체적인 흐름은 정해져 있으나, 매 공연 때마다 즉흥으로 연주하기에 곡이 어떻게 나올지는 황병기 본인도 모른다고…, 가사는 녹음할 당시 신문에 실린 기사를 읽은 것이라고 하며, 공연할 때마다 다른 기사를 읽기 때문에 다른 가사가 나올 수도 있다고 한다. 전체적으로 구조는 우우우우- 하는 목소리로 시작하여, 그 다음 웃음소리, 울음소리, 신음소리는 인간의 원초적인 감정을, 신문 읽는 소리는 대개 연주 당일 발간된 아무 신문에서 평이한 사회면을 택해서 읽는데 문화, 문명을 이루고 있는 인간을 상징한다고 한다.

마지막엔 반야심경이 나오며 '아제 아제 바라아제 바라

바라 승제' 깨달음을 얻고 피안으로 넘어가자는, 죽음을 상징하는 가사를 부르며 끝난다. 우주만물이 탄생하고 그 안에서 탄생하는 인간의 혼을 불러 모으는 것으로 시작해, 인류가 탄생하고 여러 문명을 거쳐 진화하고 발전하지만, 결국 언젠가는 모든 것이 소멸될 것이고, 아무것도 남지 않는 상태로 다시 돌아간다는, 인간과 세상 만물의 이치를 표현한 작품이라고 한다. 다음은 뒷부분의 가사이다.

"하얀 와이셔쓰에 가지런한 넥타이를 맨 와이트 칼러 마구 굴려도 쉽게 찢어지거나 때묻지 않는 원색 블루진을 입은 블루칼라에 이어 탄탄한 강철로 전신을 무장한 스틸 칼라들이 공장 일자리에 들어섰다. 한국에 로보트가 들어온 것은 5,6년 전쯤 아직 로보트를 주력으로 할만큼 공장시스템이 발달되지 않았고, 또 유오고도모아드디칼럼 본격적으로 하고있는 못된그레께 동서도그러보아 스틸칼라의 전초력을 이행하저시팔년오사용했던 던수상점찌구쩜다캉구청 전신카쳐구나니코토와 꼬띠꼬띠꼬띠까띠꾸라라라락 까우웨레가야다어우에우에 꺄~꺄~꺄~으웨아 아루우러아
-아제 아제 바라아제 바라 바라 승제-"[1]

러시아 작곡가 '라흐마니노프'의 〈보칼리제〉라는 소프라노 곡이 있다. 달콤하고 우울한 솜사탕 같은 멜로디가

---

1) https://m.app.molon.com

아름답지만 가사가 없다. 우~ 라는 모음으로만 된 곡. 이런 아름다운 음악도 있는데, 이렇게 파격적인 미궁에 빠져들게 하는 소음이나 비명 같은 여성의 소리라니, 사실 80년대 이 음악을 처음 들었을 때 공포감이 몰려왔고 참고 듣고 있기가 힘들었던 기억이 있다. 계속 듣고 있으면 귀신들린다고 사람들이 장난스럽게 말했듯이. 그런데 시간이 좀 더 흘러서 들었을 땐 80년대에 들었던 곡과는 완전히 다른 곡처럼 들렸다. 이상 시인의 「오감도」를 읽어내듯, 다른 현대음악 작곡가들의 작품에 좀 더 훈련이 되고 나면, 서양의 현대음악도 많은 부분 12개음의 악보에서 탈주했듯이, 〈미궁〉이라는 이 곡도 음악이 되는 것이다. 악보에 갇혀있는 음악에서 벗어나, 인간의 슬픔과 고통을 이렇게 풀어내어도 표현이 되는구나, 생각이 들었다.

제니스 조플린(Janis Joplin)이 흑인의 목소리를 통해 백인의 성대가 만들어 내던 통상적 음색을 바꾸어 버리듯. 카운터테너나 카스트라토가 여성들의 목소리를 통해 자신의 목소리를 바꾸는 것처럼. 종류는 다르지만 음악이라 불리는 목소리의 형태를 바꿔놓은 음악. 그러고 보니 오히려 라흐마니노프의 〈보칼리제〉보다 미궁이 좀 더 좋다는 느낌이 들었다. 〈보칼리제〉는 미궁에 비해 좀 싱겁다 해야 하나? 들뢰즈/가타리 식으로 말하면 전통적인 영토화된 음악에서 탈주선을 타고 싶은 황병기라는 한 예술가의 마음이, 또는 좀 더 자연스러운 사람의 목소리가 처절하지만 진실되고 아름답게 느껴져서였는지도 모른다. 돌아보면 〈보칼리제〉는 당시엔 가사 없는 곡이라 새로웠을 테지만 기존 음악의 틀 속에 있는 것이고, 〈미궁〉은 거기서 벗어나려는 음악이다. 둘 사이엔 분명한 차이가 있고, 〈미궁〉이란 곡은 대중이 외면할 가능성이 크다. 왜냐하면 〈미궁〉은 따라 부르기 힘들다고 생각되기 때문이다. 악보가 없기 때문에.

여기에서 들뢰즈/가타리는 목소리의 탈영토화를 이야기한다. 목소리가 악기화 되었을 때 분자-되기가 된다.[2] 이것은 다양한 위도, 경도를 가지며 다양한 느림과 **빠름**으로 형식을 넘어 변주 확장이 가능해진다. 메시앙의 말대로 음악은 인간의 특권이 아니며, 인간만이 아닌 동물, 원소, 사막 등 자연을 가로지르는 탈영토화의 역량이 중

---

[2] 들뢰즈/가타리, 김재인 옮김, 『천 개의 고원』, 새물결, 2003, 582쪽 참고.

요하다. 오히려 인간에게서 자연적이지 않은 것, 자연에서 이미 음악적인 것이 문제가 된다는 것이다. 이런 관점에서 본다면 〈미궁〉은 음악적 훈련을 따로 받지 않은 누구라도 부를 수 있는 곡이 된다. 마치 들뢰즈/가타리가 『천 개의 고원』에서 자주 인용하는 작곡가 메시앙이 새 소리에 반해서 새 소리를 베껴 적었듯이 이 곡도 여성의 목소리를 베낀 것 아닌가? 인간의 비음악적인 음이 음의 음악 -되기와 더불어 블록을 만들어 새로운 음악으로 생성해 나간다. 또, 가야금이지만 연주 방법을 다르게 하여 가야금이라는 악기의 기존 연주방식에서 탈주하여 우주적, 자연적인 소리를 만들어 낸다. 사람의 목소리도 악보라는 틀에서 벗어나 자유롭게 인간의 감정을 노래할 수 있다. 그리고 어떤 형태의 목소리든 덧대어서 누구의 목소리든 끝없이 이어 부를 수도 있다. 사람들이 이런 차이를 생각하고 편견없이 듣는다면 〈미궁〉이라는 음악은 우주의 재료를 가지고 이미 탈영토화한 음악이 아닐까.

나는 바로크나 고전음악을 많이 듣고 좋아하지만. 그들의 음악을 들을 때의 주파수와 우리 음악을 들을 때는 또 다른 주파수에 마음을 맞춘다. 그리고 어떤 현대음악은 또 다른 주파수를 요구한다. 민속음악을 듣다가 〈수제천〉 같은 정악正樂을 들으면 비포장길에서 포장길로 접어든 것 같고. 국악을 듣다 서양고전음악을 들으면 잘 포장된 상자 속에 들어 있는, 솜사탕처럼 달달한 어떤 느낌이 전해져 오기도 한다.

반면 주파수가 아직 맞춰지지 않은 음악도 물론 있다. 다양한 주파수의 세계에서 내가 받아들여지는 것과 받아들이지 못하는 것의 차이는 무엇일까? 차이는 취향일까? 외부에서 주어지는 것일까? 어떤 곡이 더 좋고 말고는 개인의 취향이겠지만 개인이 찾아서 들었던 사회가 주입해서 만들어 주는 부분이 아마도 더 클 것이다. 트롯세대, 팝송세대, 아이돌세대의 음악이 달라지듯 어떤 감수성도 달라진다. 그 차이는 익숙하게 반복해서 듣게 되면 극복될 수도 있겠고, 한복이 개량한복으로 현재에 맞게 새로 재단되듯이 차이라는 재료로 좋은 결과가 나올 수도 있을 것이다.

한 때 서태지와 아이들의 노래 중 1993년에 발표된 〈하여가〉라는 곡이 있었다. 음악적으로 〈하여가〉는 힙합, 록, 국악이 한 곡에 들어있으며 계속된 변화에 맞춰 춤을

춘다. 지금도 대단히 실험적이고 창의적으로 들리는 이 곡은 노래 중간에 사물놀이가 나오고 상모를 돌리고, 태평소가 나온다. 그 당시 우리 악기나 춤, 음악에 대해 한 번도 관심이 없던 아이들이 상모를 돌리고, 태평소를 사고 배우고 하는 일이 생기는 걸 보고 신기하기도 하면서, 서태지와 아이들이 왜 문화대통령이라 하는지 담박 이해가 되었다. 2020년 나온 이날치의 〈범 내려온다〉라는 곡에서도 마찬가지로 우리의 판소리 음악과 서양음악 두 개의 영토를 잘 섞어서 새로운 되기의 과정을 보여준다. 고름이라는 과정을 거쳐서 자유로운 리듬들 간의 조합으로 새로운 영역으로 나아가 대중과 함께 영토를 확장하는 것들이 들뢰즈/가타리의 리토르넬로에서 이야기하는 탈영토화가 아닐까.

리토르넬로는 차이의 반복을 통해 자연과 우주, 인간과 동물, 철학과 예술을 넘나들며 끊임없이 생성을 창조하는 음악의 원리이다. 리토르넬로의 탈영토화되는 과정은 무한한 시간의 비박절적인 리듬들을 분절시키는 환경들과 영토들 간의 이행이다. 리듬적인 음악은 반복, 똑바름과 동등한 분할을 경멸하는 음악이다. 다시 말해 그것은 자연의 운동, 자유롭고 불규칙한 음량에 영감을 받는 음악이다. 박자가 동일한 시간의 균일한 분할을 가정하는 반면, 리듬은 이질적인 블록들과 겹쳐가면서, 방향을 바꾸어가는 것이다.[3]

그런 의미에서 우리나라 전통음악인 산조는 음악적으로는 무한한 해석이 가능한 음악이다. 산조의 음악적 스타일은 장단의 변화를 통해 탈영토화하려는 리듬의 과정을 보여준다. 산조는 처음에 일정한 리듬이 없이 연주되는 자유 리듬에 의한 '다스름'으로 시작되어 끊임없이 가락이 변화하여 '진양조', '중몰이', '중중몰이'를 거쳐 '자진모리'로 갈수록 템포가 빨라진다. 이러한 긴장감은 다시 자유 리듬인 다스름 가락으로 풀어서 끝을 맺게 된다.

산조에서 처음과 끝의 다스름의 역할은 시작 부분에서는 침묵으로부터 음악이 태동하는 분위기에서 끝에서는 그 동안 연주된 음악이 다시 무한한 시간의 흐름 속으로 사라져가는 느낌을 전달하는 것이라 하겠다. 서양의 바로크나 고전음악의 틀에서 벗어나려는 낭만주의 음악이나 근대음악처럼 주어진 영토에 정착하지 않고 새로운 흐름을 만들어 쉬지 않고 탈주를 시도하는 산조는 전통음악의

---

3) 들뢰즈/가타리, 595쪽 참조.

연주기법과 스타일을 끊임없이 생성한다. 산조에서의 선율은 무한히 변화되고 있을 뿐 동일한 선율이 다시 재현하는 부분은 거의 없다. 반복이 동일성을 만들지 않고, 차이를 생성하는 것이며, 그것은 영원히 반복된다. 이것은 산조의 '영원회귀'에 해당한다고 볼 수도 있을 듯하다. 아니면 '무한연속', 산조의 마지막 다스름은 무한의 시간으로 사라져가는 것으로, 산조는 지금 이 순간과 공간이 무한히 반복되고, 강도의 에너지를 발산하다 영원 속으로 사라져버리는 음악이다. 들뢰즈/가타리가 말했듯 강도는 이러한 특성으로 인해 깊이를 갖게 되고, 그 깊이가 결국은 탈영토화의 궁극의 지점인 '영원회귀'로 뻗어간다[4]고 본다면, 그런 점에서 산조 또한 탈주와 탈영토화를 위한 연주 양식이 아닐까?

『천 개의 고원』중 리토르넬로 부분을 읽고 리토르넬로에 적당한 우리나라 음악을 생각하다보니 황병기의 〈미궁〉이 떠올랐고 '산조'라는 음악에 대해 또 우리 가요에 대해 적게 되었다. 서양의 미술에서 카메라로 인해 현대미술로 나아가게 되는 것이 기계와 관련이 있는 것과 마찬가

---

[4] 이동연, 「미학의 재해석: 산조의 '차이'와 '반복', 혹은 '탈영토화'에 대하여」, 한국예술연구 창간호, 2010, 117쪽 참조.

지로 음악도 기계의 발달과 함께 현대음악이 더욱 폭이 넓어졌다. 녹음기나 신디사이저 전자음악의 시대가 열려서 미분화된 음이 사용 가능해지고, 바레즈(E. Varese)의 음악 〈이온화〉에서 했던 것처럼 사이렌 소리, 썰매방울 소리, 막대 두들기는 소리 등을 관현악적 소리에 섞기도 하고, 주파수 변조를 통해 음의 입자를 '이온화'하여 우주로 향한 탈영토화를 시도하기도 하면서 피아노나 악기에 갇혀있던 또 다른 음악의 세계가 열렸다. 그렇지만 어디까지나 들뢰즈/가타리의 리토르넬로의 목표는 대중과 같이 하는 '되기'이고 같이 연대해서 탈주선을 타는 것이다. 음악에서도 지금 우리가 가장 많이 받아들이고 향유하는 음악도 결국은 전 지구적 입장에서 보면 유럽의 민속음악에 불과할 뿐이다. 그 나라들이 강대국이라는 사실만으로 어쩌면 일방적으로 그것이 음악이라 생각하며 듣고 즐기고 할 뿐이라는 생각을 늘 해 왔었다.

현대음악 작곡가들이 동양의 사상이나 음악에 영향을 받으며, 백인 중심 서구 중심의 음악에서 벗어날 수 있었듯이 우리나라 민요나 음악 속에서도, 우리나라 무속에서 사용하는 굿의 리듬이나 노래 속에서도, 우주로 향하는 무수한 음악들이 존재해왔다는 걸 안다. 이러한 다양한 각 나라의 민속음악에 대한 관심과 그 이행에 대한 고민, 우주로 열리는 새로운 음악에 대한 시도들은 현대음악 작곡가들의 숙제일 것이다. 작곡가 윤이상은 피리의 소리와 주법을 통해 플루트를 다른 악기가 되게 만들고, 가야금이나 거문고의 주법을 통해 첼로 협주곡을 일종의 산조로 만들었으며, 한국 음악에서 가장 중요한 요소 중 하나로 꼽히는 농현을 통해 분절된 서양의 음계를 기이한 글리산도로 흘러넘치게 한다. 또한 후기 교향곡에서는 심장박동에 기초한 서구의 박자를 호흡에 의한 장단으로 변형시켜 교향곡이라는 가장 전형적인 서구의 다수적 음악 장르를 더듬거리게 하였다. 자신은 이러한 작업들을 원래부터 있었던 우주의 소리들의 일부를 따다 썼을 뿐이라고 말함으로써 음악적 소리를 다시 우주를 향하여 되돌려 놓는다.

이것은 다양한 민속 음악을 통해 서양의 다수적인 음악을 더듬거리게 했던 헝가리 작곡가 바르톡(B. Bartók)의 경우와 같이 소수적인 음악을 통해 다수적인 음악을 더듬거리게 하는 훌륭한 '소수적인 음악'을 창조했다고 말해도 좋을 듯하다.[5] 다만 들뢰즈/가타리의 리토르넬로의 조건

---

5) 이진경, 『노마디즘 2』, 휴머니스트, 2009, 283쪽 참조.

에 적합하며, 민중과 같이 블록을 형성할 수 있는 코스모스적인 음악, 나아가서 탈영토화가 가능한 우리나라의 음악은 현실적으로 어떤 음악이 가장 적합한 음악일까? 생각이 깊어지는 밤이다.

리토르넬로와 현대음악

"대지로부터 날아오르기 위해 있는 힘을 급격히 사용하고… 중력을 이겨낸 원심력의 지배하에 들어가면 진정 대지로부터 춤춰 오르는 것이다" "…(중략)… 우리는 부분을 찾아냈지만 전체를 찾아내지는 못했다. 우리는 아직도 궁극적인 힘이 결핍되어 있다. 민중들이 우리와 함께 있지 않기 때문이다."[1]
―파울 클레

비가 내린다. 며칠 전 괌에 불어 닥친 태풍은 비를 가로로 눕혔다던데, 창밖을 두드리는 비는 적어도 수직에 가까워지려 하고 있다. 물을 마신다. 유리잔을 통해 본 세상은 온통 일그러져 있다. 내가 유리잔 속에 살고 있다면 거기에 맞는 세상을 살아가기 위해 규칙을 만들고 뭔가를 하며 살아갈 것이다. 바깥에 뭐가 있는 줄 모른다. 유리가

---

1) 들뢰즈/가타리, 김재인 옮김, 『천 개의 고원』, 새물결, 2003, 640-641쪽 참조.

어떤 역할을 하며 왜곡시키는지 알 수 없는 일이다. 유리잔이 언제 깨질지 모르는데 거기가 제일 안전하다 생각할 것이다. 하지만 유리잔과 '되기'가 가능하다면 아니 아예 바깥으로 나와 버릴 수 있다면 안과 밖을 다 볼 수 있겠지, 안전하다는 것이 얼마나 하찮은 것인지도. 여기는 관이 아니라서 안도하고 있는 내 모습도 언젠가 죽는다고 생각한다면 별 차이가 없는 것처럼.

그러나 우리들이 끝없이 유리잔 되기를, 바깥으로 나가기를, 탈영토화를 원한다 하더라도 어떤 방법으로 가능할 수 있을까? 빗소리에 잠을 돌려보내는 것들이 있다. 형광등이 비추는 찻잔의 그림자, 낮에 바깥에서 내가 쓰고 다녔던 낯설었던 얼굴, 오만하고 편견에 가득 찬 책들이 꽂혀있는 책장, 그 많은 밤의 사건 속에서 지금은 『천 개의 고원』이 필요하고 천 개의 눈이 필요하다. 밤은 『천 개의 고원』을 넘기엔 적당한 시간이다. 나에게 '되기'의 탈주선은 어둠이 필요하고, 밤은 모든 걸 더 선명하게 보여주는 듯하다. 어쩌면 '되기'가 되기 위해 많은 시간을 보냈던 것 같기도 하다. '되기'는 말하기 쉽고, 어쩌면 이해도 간단해서 낯설지 않다. 동양인들에겐 명상을 할 때는 호흡과 하나가 되어야 하고, 음악 감상을 할 때도 음악과 하나가 되어야 하고 그림을 감상할 때도 사람과 대화할 때도 상대방의 입장이 되어야 소통이 가능하니 그건 먼저 나부터 비워야 하고 고정관념에서 벗어나야 가능하다. 인간은 자연의 일부분일 뿐이니까.

  핀란드 헬싱키에 위치한 세우라사리 야외민속촌에 간 적이 있었다. 숲이 울창하고 한적한 길이 쭈욱 뻗어있어 산책하기에 더 없이 좋은 장소였다. 곳곳에 새집을 만들어 큰 나무에 매달아 주었고 주변에 새들의 영역을 둥글게 만들어 새가 있든 없든 새의 영토임을 짐작케 해주었다. 일행 중 남자 한 분이 그 안으로 들어가 새집 앞에서 어슬렁거리며 조심스럽게 안을 들여다보았다. "아무 것도 없네." 하면서. 그런데 순간 그때까지 보이지 않았던 새들이 갑자기 우리 쪽으로 몰려들었다. 돌이켜보면 한 20마리쯤이었나. 한 줄로 쭉 서서 우리들을 향해 일제히 열을 맞추어 비행기가 활주로를 날아오르듯 달려드는 것이었다. 우리는 죽을힘을 다해 어깨를 숙이고 뛰었다. 잡히면 죽을 것 같았다. 새들은 우리를 쫓아내고는 유유히 사라져갔다. 그 넓은 공원에서 아무도 없는 새집에 우리가 온 걸

어떻게 알았을까, CCTV를 보고 있었던 것처럼.

새는, 나무는, 무엇으로 소통하는가. 그들은 먼 곳에서도 자신의 영토에 침입자가 있다는 걸 아는데 우리는 그들을 모른다. 인간은 본래부터 새들의 말을 알아듣지 못하게 설계 되었을까? 바그너의 오페라 〈니벨룽의 반지〉에서 지그프리트는 새가 말하는 걸 알아듣는다. 아시시의 성 프란치스코 성인은 동물들과 이야기하고 새에게 설교했다고 하지 않는가. 중세 교회음악을 집대성한 교황 그레고리오 1세에게 성령으로 내려온 흰 비둘기에 대한 전설이 말해주듯 새는 '조물주의 신성한 음악을 인간에게 계시해주는 영물靈物'이었다고 한다. 새의 지저귐을 '운다'라고 표현한 우리네 조상들과는 달리 서양인들은 새소리를 '아름다운 한편의 노래'로 받아들였다.

새는 언제 노래하는 것일까. 생물학자 찰스 다윈은 음악의 기원을 새의 울음소리에서 찾았다. 수새가 암새를 유혹하기 위해 아름다운 노래를 부르는데, 이것이 음악의 시작이라는 것이다. 새들이 노래하는 것은 종족 보존의 본능 외에도 다른 새들이 자신의 영역을 침범하지 못하도록 하는 '경고'의 메시지를 담고 있다. 참새나 갈가마귀,

비둘기같이 떼 지어 다니는 새들은 시끄럽게 수다를 떨 뿐이지 노래하지는 않는다. 새가 노래하는 것은 고독하다는 증거라고 말하기도 한다. 새 중에서도 지빠귀과의 나이팅게일은 '새의 베토벤'이라 불릴 정도로 가장 아름다운 노래를 부르는 것으로 알려져 있다. 제2차 세계대전 당시에 독일군의 포로로 생활하면서 포로수용소에서 '시간의 종말을 위한 사중주곡'을 작곡해서 연주한 것으로 유명한 프랑스 작곡가 올리비에 메시앙(O. Messiaen)의 취미는 새소리를 오선지에 채보하는 것이었다. 특히 메시앙은 어렸을 때부터 새소리를 매우 좋아했고 틈만 나면 야외에 나가 새소리를 악보에 담았다. 프랑스 조류학회 회원이기도 했던 그는 새의 종류를 321종이나 음악에 등장시켰다. 메시앙의 스승 폴 뒤카는 평소 "새처럼 훌륭한 작곡 선생은 없다"고 강조했다.

메시앙은 새를 가리켜 "지구상에 존재하는 최고의 음악가"라고 말한다. 그에게 새소리는 단순한 음악적 장식물이 아니라 음악세계의 근본을 형성하는 영감의 원천이었다. 그는 그의 작품 〈새의 박물지〉를 숲속에 사는 모든 새들에게 헌정했다. 예술은 전혀 인간만의 특권이 아니다.[2]

---

[2] 들뢰즈/가타리, 김재인 옮김, 『천 개의 고원』, 새물결, 2003, 601쪽

대부분의 새들은 단지 명연주가일 뿐만 아니라 예술가며, 이는 자신의 영토적 노래로 인해 그렇다고 메시앙은 말했다. 이는 메시앙이라는 인간이 탈영토화 되어 새가 되는 것이고, 새는 탈영토화되어 음악이 되는 것이다. 이 이중의 탈영토화를 끌고 가는 것은 새의 음악-되기이며. 새를 탈영토화는 음악-되기의 선을 따라 메시앙의 탈영토화가 이루어진다. 즉 새의 음악-되기가 표현의 역할을 한다면 그 표현에 의해 발생하는 메시앙이 새 되기는 내용의 역할을 하게 되는 것이다.

『천 개의 고원』을 대충 말로만 듣고, 읽지 않았을 땐 '되기'가 어쩌면 간단하게 머릿속으로 이해되었다. 나는 무엇보다 불교철학, 노자, 장자철학을 한 번씩은 귀동냥을 한 동양인이고, 백인도 아니고, 남자도 아니고, 기독교인도 아니니까. 단지 살아오면서 생긴 나름의 편견은 있겠지만. 하지만 읽어갈수록 저자들이 이 사회를 개인이 아닌 집단의 힘을 빌려 어떤 방식으로 어떻게 변혁해 나가고 싶어하는가 하는 고민이 큰 비중을 차지한다고 느껴졌다. 특히 리토르넬로[3]라는 음악적 용어를 사용해서 그들

참조.

3) "본래 음악에서 반복구를 일컫는 리토르넬로는 들뢰즈/가타리가 『천

이 하고 싶은 말을 하는 방식으로, 들뢰즈/가타리가 가리키는 지점은 전방위적으로 펼쳐져 있다. 손가락을 쫙 펼치면서 여기저기를 지적하고 이야기하는데 전체가 리토르넬로를 향하고 있다는 점이 흥미롭게 느껴지기 시작했다.

모더니즘은 리토르넬로 고원의 예술 사조 중에서도 가장 절정을 이루는 부분이다. 들뢰즈/가타리의 전위적인 사유가 정점에 달하며 현대음악과 예술에 대한 독창적이고 개성적인 해석을 보여준다. 저자들은 영토적 리토르넬로에서 코스모스의 리토르넬로로 이행하는 음악적 방법을 모색한다. 우주 전체로 영토를 펼치는 탈영토화하는 탈주

> 개의 고원』을 통해 창조한 고유한 개념이다. 리토르넬로는 저자들의 초기 존재론인 차이와 반복의 연장선상에 있다. 들뢰즈/가타리에게 반복은 언제나 차이를 동반하는 반복으로 차이의 끊임없는 생성을 의미한다. 차이의 반복으로서 리토르넬로는 차이들이 무한히 되돌아오는 니체의 영원회귀에서 유래한다. 리토르넬로는 프랑스 68혁명 때 집단적인 행동이나 예술활동을 보고 가타리가 먼저 제안하였다고 한다. 집단적인 활동 속에서 주체화가 일어나며, 집단에 대한 것이 핵심이다. 리턴해서 돌아오는 것은 그것을 통해 발전하는 형식영토의 표시 개념인데 집단적인 움직임을 나타내기도 한다. 일반적 음악의 후렴구하고는 다르게 집단을 의미하지만 새로운 생성으로 나아가는 것, 탈주해 나가는 것이다. 음악이 집단을 움직이는 영향력이 가장 큰 예술이라는 점을 간파하여, 음악을 통해 민중을 이끄는 실천적 역할에 주목한다. 그래서 음악의 최종 목적으로 코스모스의 리토르넬로를 통해 새로운 생성과 창조의 길을 여는 것, 이것은 현대를 살아가는 우리에게 커다란 울림을 전한다. 이러한 측면에서 들뢰즈/가타리의 리토르넬로 음악 미학은 음악 예술을 존재론적 차원에서 우주적 생성과 창조의 원리로 제시하며, 음악의 잠재력을 최대치로 확장하는 음악사적 의의를 찾을 수 있다." 신현경, 「들뢰즈의 리토르넬로 개념과 음악 미학」, 서울대학교 대학원, 2018년, 국문초록에서.

선을 통해 모더니즘에 접근한다.4) 그것은 음계를 재발견하여 소통시키고 평균율을 해체하며, 장조와 단조의 경계를 허물어 조성을 파괴하지 않고 빠져나가게 하는 것이다.

들뢰즈/가타리에게 복잡한 현대는 우주적인 코스모스의 시대로, 모더니즘은 리토르넬로의 음악적 배치 중 상호-배치에 상응한다. 모더니즘의 리토르넬로는 분자화된 차이의 힘들이 무한히 도래하는 니체의 영원회귀를 통해 우주의 음악으로 태어난다. 들뢰즈/가타리는 슈만의 아이-되기, 메시앙의 새-되기, 동물-되기의 예를 들며 음악을 자연으로 우주로 확대시킨다. 저자들은 모더니즘을 대표하는 음악으로 드뷔시와 바레즈를 예로 들고 있다. 드뷔시(C.A. Debussy)는 인상주의 음악 양식을 통해 낭만주의와 확실한 결별을 보여준 혁신적인 작곡가이다. 그는 묘사적인 표제성을 갖고 순간의 이미지나 분위기들을 모호하게 암시하는 음악을 추구했는데, 이를 통해 음의 재료를 분자화하면서 보이지 않는 강도의 힘을 들려주고 있다.

가령, 그의 대표작 〈달빛〉에는 어두운 밤에 달이 빛의

---

4) 로널드 보그, 사공일 옮김, 『들뢰즈와 음악, 회화, 그리고 일반 예술』, 동문선, 2006, 77쪽 참소.

입자들로 흩어지며 흘러가는 듯한 환상적이고 몽롱한 정경이 잘 나타난다. 또한 바레즈(E. Varèse)는 20세기 대표적인 진보적 성향의 작곡가로서 지속적으로 새로운 음향과 소리를 추구했다. 특히 파격적인 작품들을 내놓아 아방가르드적 면모를 보여주었는데 대표적 작품인 '이온화'를 통해 여러 타악기와 관현악기의 소리를 섞어 음의 입자를 이온화했다. 이들의 작품은 음의 재료들을 새롭게 가공하여 비가시적인 음의 분자들을 음향으로 만들며 탈영토화된 우주의 음악을 창조한다. 이러한 현대음악에서는 음의 재료를 분자화하고 이온화하며, 코스모스의 에너지를 포획하는 신시사이저로 등장한다. 여기서 바레즈는 음악의 소리를 일종의 음악적 화합물로 보고 음의 이온들을 결합하거나 분해하여 독특한 음향으로 표현했다. 음의 재료들을 새롭게 가공하여 비가시적인 음의 분자들을 음향으로 만들며 탈영토화된 우주의 음악을 창조한 것이다. 음악이 신시사이저를 통해 모든 주파수의 소리들을 조합하거나 변형하여 새로운 소리를 생산하는 것처럼, 현대철학은 신시사이저가 저 오랜 '선험적 종합판단'[5)]의 자리를 차지하며, 모든 종류의 사유들을 전자음처럼 자유롭게

---

5) 들뢰즈/가타리, 185쪽 참조.

변조하거나 합성하여 코스모스의 힘을 포착한다.

그렇다면 도대체 리토르넬로란 무엇인가? 이에 대해 들뢰즈/가타리는 "리토르넬로는 프리즘이며, 시-공간의 결정체이다."[6]라고 답한다. 리토르넬로는 시-공간의 지평을 통해 모든 경험적 차원의 생성을 창조하는 원리가 된다. 전통적인 서양 음악 미학에서도 우주를 일종의 음악으로 간주했다. 여기서 우주와 음악을 밀접하게 관련시키며 천체들의 운동을 음악적 조화와 질서로 설명했다. 특히, 고대의 피타고라스학파의 경우 수학적 원리를 바탕으로 행성들이 일정한 비례에 따라 움직이며 음악적 하모니를 이룬다고 보았다. 들뢰즈/가타리의 리토르넬로 우주 음악론도 고대 우주 음악론의 연장선상에 있지만, 이를 모더니즘의 예술 사조로 제시하는 독자성을 갖는다.

이렇게 현대음악의 의무는 바로크, 고전주의 시대의 카오스적 음악의 형태에서 얻어진 형식, 그리고 낭만주의의 연속적 변이를 통과해, 근대에서 비음적인 음들을 포획할 수 있는 분자물질들을 탈영토화하는 데 있다. 인간 음악의 탈영토화는 물리적이고 생물학적인 우주를 널리 보급하는 일반적인 과정의 발현이다. 새들은 음악가이고, 또

---
[6] 들뢰즈/가타리, 662쪽 참조.

한 귀뚜라미들, 진드기들, 원자들, 별들도 음악가이다.[7] 저자들에게 현대는 무한한 우주로 열린 시대로, 현대 예술은 보이지 않는 우주의 힘을 포착해야 하는 시대인 것이다

들뢰즈/가타리는 현대에 와서 다시 민중의 문제를 거론하는데 현대에도 민중은 여전히 결여되어 있다. 그에 따르면 현대는 대지가 최고로 탈영토화되어 있고, 민중은 최고로 분자화된 시대다. 기성 권력이 매스미디어, 정당, 조합 같은 대규모 조직들을 만들어 민중을 무기력하게 종속시키고 있다. 거대 권력이 보다 교묘한 방식을 동원하여 민중들을 지배하고 억압하고 있으며, 민중들은 소외되어 주체적이고 능동적인 힘을 상실했다.

이제 문제는 기존의 삶에 영토화된 민중들을 탈영토화하여 새로운 배치로 나아가게 하는 것이다. 이를 위해 보이지 않는 힘을 가시화하면서 새로운 힘을 가진 민중을 만들어내야 한다. 민중을 움직이는 것은 색이 아니라 음으로 음악의 정치 사회적 영향력은 강력하다. 이러한 점에서 함께 모여서 부르는 노래, 그것으로 사람들을 하나로 묶어주는 음악은 민중들이 움직이고 행동하는 데 꼭 필요

---

7) 로널드 보그, 123쪽 참조.

한 것이다. 다른 예술은 차치하더라도 노래 없이 사람들이 모이고 집단적으로 투쟁하는 일을 상상하기는 쉽지 않다. 연어, 메뚜기, 피리새, 대하 등의 동물들이 대규모로 운집하여 자신들이 머물던 영토를 떠나 머나먼 대이동을 하듯이[8]. 엄청난 거리를 집단으로 움직이며 극단적으로 갈 데까지 가서 기존의 배치에서 벗어나 모든 가능한 배치의 범위를 넘어서 다른 판으로 이동하듯이, 그 끝이 코스모스의 우주와 통해 흐르듯이….

빗줄기가 힘이 세지고 있다, 비가 집단의 힘을 빌려 바닥에서 모여야만 비로소 비가 가고 싶은 바닷길이 만들어지는 것인가! 창밖을 두드리는 비가 점차 수직에 가까워지려 하고 있다.

---

8) 들뢰즈/가타리, 618쪽 참조.

잠행자—되기

나는 혼자서 아무것도 가진 것이 없이 낯선 어느 도시에 도착하는 것을 몹시도 원했었다. 겸허하게, 그리고 가난하게 살고 싶었는지도 모르겠다. 그렇다면 무엇보다도 비밀을 간직할 수 있을 것이다.[1)]

대학 4학년 졸업을 앞두고 내가 하고 싶었던 것은 일상의 권태를 마음껏 누리는 것과 익명의 시간 가지기였다. 모르는 곳에서 나를 지우고 살아보는 것. 익명이 가지는 힘으로. 들뢰즈 식으로 본다면 그건 얼굴을 지우고 살아 보는 것이었다. 내가 나를 벗어난다는 것, 나의 맨 얼굴을 보는 것, 나를 풀어서 다시 직조해 보는 것, 나를 바깥의 시선으로 바라보는 것. 그러면 지금보다 더욱 자유로운

---

1) 장 그르니에, 김화영 옮김, 『섬』, 「케르켈렌 군도」, 민음사, 1997, 77쪽.

삶이 살아질 것 같았다. 가방 속엔 내가 좋아하는 프랑스 작가 쟝 그르니에의 『섬』 딱 한 권만 가지고….

> 저 자신 속에 너무나도 깊이 꼭꼭 파묻혀 있어서 도무지 새벽빛이 찾아들 것 같지가 않아 보이는 어린아이들도 있다. 그래서 그들이 문득 수의를 밀어붙이며 나사로처럼 일어서는 것을 보면 우리는 의외라는 듯 깜짝 놀란다. 그런데 사실은 그 수의란 어린아이의 배내옷이었던 것이다.[2]

『섬』의 첫 시작 공空의 매혹 중에 나오는 이 문장처럼 아마 그 배내옷을 던져버리고 싶었을 것이다. 시외버스터미널에서 마음에 드는 지명을 골라 나를 던져보기. 내가 아는 도시가 몇 개 올라온다. 잘 생긴 문학청년이었던 사촌이 어느 날 갑자기 선택할 수밖에 없었던, 생활고에 시달리던 옆집이 돈을 갚지 못해 선택했던. 타인도 자신마저도 자신을 찾지 못하게 얼굴을 지우고 싶을 때, 절박한 사람들은 강원도로 갔다고 말하곤 했다. 나는 먼저 파도가 돌의 등을 긁어 몽돌을 만들어내는 소리를 듣고 싶었기에 먼저 거제도, 그 다음 강원도를 가기로 했다.

---

[2] 쟝 그르니에, 앞의 책, 「공의 매혹」, 27쪽.

나는 그렇게 혼자 떠돌아다닌 이후로 수많은 이웃이 있었다. 위층의 이웃과 아래층의 이웃, 왼쪽의 이웃과 오른쪽의 이웃, 때때로 이 네 방향의 이웃들이 한꺼번에 있던 일도 있었다. 단순히 이 이웃들 이야기를 쓸 수도 있다. 그것은 필생의 역작이 될 것이다. 물론 그것은 이웃들이 내 마음속에 불러일으킨 질병에 관한 이야기에 더 비중을 두게 될 것이다. 이웃들은 우리 내부의 조직 속에서 일으킨 장애를 통해서만 스스로를 증명할 수 있는 모든 종류의 존재들과 그 성격이 같다.[3]

라이너 마리아 릴케는 '시는 감정이 아니라 경험으로 쓰는 것'이라 했다. 그런 릴케에게 이웃은 자신에게 하나의 장애를 가져다 준 장본인으로 표현된다. 장애란 세상의 편견으로 바라본 이웃의 시선 아니었을까? 아니면 릴케 자신이 스스로 극복하지 못했던 장애에 해당되는 부분이었을 수도.

당시에 나는 익명으로 여행을 다니며 나와 세상을 관찰하고 싶었으나, 여자가 혼자 다닌다는 사실 하나만으로 주변의 사람에겐 호기심과 억측의 대상이 되어, 어디에 가도 편안하지 못했다. 타인은 잠시도 쉬지 않고 그들의 생각으로 나를 바라보고 있었다. 또한 그들의 모습은 어

---

3) 라이너 마리아 릴케, 안문영 옮김, 『말테의 수기』, 열린책들, 2013, 183쪽.

딘지 모르게 또 다른 나와 닮아있었다. 다른 나들이 도처에서 나를 보고 있었다. 세상의 경험이 부족한 나로서는 그들의 시선에서 나를 피신시키기에 필요한 능력이 없었다. 그 사람들을 불편하게 여겼던 내 속에 있는 또 다른 권력들. 피해자 같지만 가해자 같았던 모습의 미숙한 나. 『말테의 수기』에서 주인공이 했던 것처럼 사람들 틈 속에서 내가 알지 못했던 세상의 다양한 모습들을 관찰하며 살고 싶었던 그 꿈은 쉽게 이루어내지 못했다. 남자였으면 어쩌면 수월했을까? 그 모든 것보다 결국은 절박함이 없었기 때문이었을까? 지금 생각하면 나는 유령이 되고 싶었는지도 모른다. 그때 내가 원했으나 이루어내지 못했던 가장 탁월한 잠행은 들뢰즈 식으로 사람들 속에서 사는 것이며, 모든-사람-되기이며, 모든 사람처럼 존재하는 것, 세계를 생성으로 만드는 것, 어떠한 사람이라도 될 수 있는 것이 아니었을까.

> 나는 더 이상 내 팔에 안은 여자의 눈을 바라보지 않는다. 그러나 나는 헤엄쳐서 머리, 팔, 온다리를 가로지른다. 나는 그 눈의 안구 뒤에 탐험하지 않은 세계, 미래의 것들의 세계가 펼쳐지는 것을 본다. 이 세계에 논리는 부재한다.[4]

얼굴에서 벗어난다는 것은 얼굴과 얼굴화를 망치는 것이며, 지각불가능하게 되는 것, 잠행자가 되는 것이다. 또한 다른 한편으로는 "주체화를 넘어서 사랑으로, '나'라는 주체에 대한 집착에서 벗어남으로써 주체도 대상도 없는 사랑으로, 절대적 상생으로 나아가야 한다는 것을 의미한다."[5] 마주선 사람에게 명령어나 공명을 이야기하는 얼굴도 아니며, 다가오는 모든 것들을 일체의 분별을 떠나 그 모두를 다가오는 그대로 받아들일 수 있는 '머리'가, 그리고 그 모두의 차이와 이질성을 있는 그대로 받아들일 수 있는 신체가 되는 것이 바로 얼굴을 해체한다는 의미일 것이다.

들뢰즈/가타리는 생성을 사유할 것을 이야기하면서 얼굴 해체하기를 설명한다. 얼굴 해체하기인 탈얼굴화는 생성을 사유하는 또 하나의 방법이기 때문이다. 그들의 탈얼굴화는 백인과 흑인, 여성과 남성, 어른과 아이, 동양과 서양 등의 이분법적 대립구도를 고발하는 것이다. 이것은 또한 인간이라는 개념의 보편성이 은폐한 서구 남성 백인 어른 엘리트 중심의 편향성을 폭로함으로써 새로운 주체

---

4) 들뢰즈/가타리, 김재인 옮김, 『천 개의 고원』, 새물결, 2003, 327쪽.
5) 이진경, 『노마디즘 1』, 휴머니스트, 2002, 586쪽.

화 과정을 모색하는 생성의 실천이기도 하다.

〈큐브〉라는 일본 영화를 본 적이 있다. 그 영화에서 의사가 직업인 여자 배우는 '여자가 무슨 의사를 하냐'라는 소리를 듣는 남성 중심 사회에서 억압된 감정이 있다. 그녀는 최면에 걸려 무의식 속에서 억눌려 있던 묻지마살인을 하게 된다. 한 남자를 죽이고 시신을 해부한다. 목 부위를 자르고 얼굴의 뼈를 들어 올리는 장면이 언뜻 지나가는데 어디서 본 듯한 느낌이 들었다. 피부 밑에 숨겨진 얼굴, 베이컨의 그림이 머릿속으로 지나갔다. 뻘겋게 흘러내리는 고깃덩어리에 불과한 얼굴. 가면이 지워지는 장면. 피도 붉고 안은 같은 데 피부색깔이 다른 것을 가지고 차별을 한다. 피부를 벗기면 동등해질까? 피부가 없으면 사람들은 무엇으로 사람을 분류하고 차별할까? 표정도 아무 것도 없는 알아 볼 수 없는 얼굴이.

얼굴은 마스크 아래 있는 심층부, 심연이 아니라 표면에 불과한 것이고, 인간은 그 표면을 가지고 차별하고 분류하며 사는 것이다. 어느 순간부터 사람의 뒷모습이 그려진 그림이나 사진을 보는 것이 앞모습을 보는 것보다 더 많은 감정을 불러일으키게 해 준다는 사실을 느낀다. 앞모습은 그 사람의 나이나 환경 등 외적이고 천편일률적이고 인공적인 모습을 보여주는 것에 비해, 뒷모습은 그 사람만의 진솔하고 내면적인 풍경이 더 잘 보이는 느낌이 드는 것이었다. 그 뒷모습에는 공간이 있다. 내가 그 뒷모습의 어깨에 손을 얹어줄 수도, 아니면 옆에 기대어 설 수도 있다. 앞모습보다는 뒷모습에서 내가 들어갈 공간이 생긴다는 것은, 어쩌면 우리는 얼굴에 가면을 쓰고 다닌다는 말과 같을 수도 있겠다. 뒷모습은 가면을 쓸 필요가 없으므로.

들뢰즈/가타리는 얼굴이 정치라면, 얼굴 해체하기 역시도 정치의 하나이고,[6] 그것이 실재적 생성들, 전적인 잠행자-되기에 관여한다고 말한다. 요즘은 아무렇지도 않은 일이지만 성형수술이 일반화되기 전엔 성형해서 예뻐진 사람, 주로 여자를 보면서 사람들은 그 용기를 부러워하기도 하고 또는 돌아서서 수군거리도 하였다. 지금은 아예 자신의 얼굴이라는 개념자체가 없어진 듯하다. 본래부터 자신의 얼굴이란 것이 있었는지 모를 정도로. 어떤 정형화된 모습으로 얼굴을 바꾼다.

---

[6] 들뢰즈/가타리, 357쪽.

어떤 이들은 너무도 자주 얼굴을 바꾸어 달아 얼굴을 소중하게 여기는데 익숙하지 못하여, 여기저기가 종이처럼 얇아져서는 차츰 얼굴이 아닌 바닥이 드러난다. 그래서 얼굴 아닌 얼굴을 쓰고 돌아다닌다. 또 그 얼굴을 잘 보관해서 자식들이 그 얼굴들을 쓰고 다니기를 원한다.[7]

들뢰즈/가타리는 얼굴을 해체한다는 것은 의미화, 주체화의 지층에서 광기의 위험, 죽음의 위험에 부딪힐 수 있을 만큼 쉬운 일이 아니라고 한다. 그래서 그들은 얼굴을 해체하여 '탐사적인 머리를 만들 것'을 제시한다. 검은 구멍에서 빠져나와 벽을 허물고 얼굴을 해체할 것인가의 문제는 삶을 창조적으로 사는 것과 연결된다. 들뢰즈의 얼굴성은 끊임없이 자신을 되돌아보는 삶을 강조한다. 나의 얼굴성은 무엇일까? 내가 가진 것, 내가 가지고 싶은 것, 내가 버리고 싶은 것, 마침내 나의 얼굴성을 지우는 것은 여행을 통해서가 아니라 여기에서도 가능한 일이 되어야 한다는 것쯤은 이제 아는 나이가 되었다. 새벽에 혼자 일어나 주황으로 일어나는 노을을 바라보는 일처럼 까맣게 지웠던 하루가 어떻게 새로운 모습이어야 하는지 종종 생각할 때처럼 말이다. 지금 현재 나에게 절박한 것은 얼굴

---

7) 라이너 마리아 릴케, 11쪽.

성을 지우고 감각을 되찾는 것이 아닐까?

> 사람들은 살기 위해 이곳으로 온다. 내가 보기에는 오히려 여기서 모두 죽어 가지 싶다. 밖에 나가 보았다. 온통 병원만 보였다. 비틀거리며 걷다가 쓰러지는 사람을 보았다. 사람들이 그의 주변으로 몰려드는 바람에 그 나머지는 볼 필요가 없었다. ⋯(중략)⋯ 나는 보는 법을 배우고 있다. 모든 게 지금까지보다 더 내면 깊숙이 파고들어 옛날에는 알지 못했던 깊은 내면이 생겼다. ⋯(중략)⋯ 이번에는 나를 쓸 것이다. 내가 스스로 변화하는 인상 말이다.[8]

사람들이 산다고 이야기하면서 병원으로 오지만 죽으러 가는 것처럼 보인다는 릴케의 말이 흥미롭다. 그리고는 처음엔 자신이 본 것을 글로 적어가지만 결국은 자기 스스로가 변화하는 모습을 쓰려고 한다. 임신한 여인의 뱃속에 탄생과 죽음 두 가지가 잉태되어 있듯, 죽음 앞에 선 인간에 대해, 또 자기 자신만의 죽음에 대해 생각하고 쓰게 된다.

세상에는 두 종류의 사람들이 존재한다고 들뢰즈/가타리는 말한다. 얼굴의 흰 스크린만을 이용해서 말과 표정으로만 사는 사람과 구멍의 주체성 함정을 극복해가며 제

---
[8] 라이너 마리아 릴케, 9-59쪽 참조.

대로 된 대본을 쓸 수 있는 사람들이다. 얼굴은 흰 스크린도 가지고 있지만 눈구멍이나 콧구멍과 같은 검은 구멍을 가지고 있다. 검은 구멍은 주체화를 의미한다. 이런 검은 구멍이 없다면 사람들의 윤곽을 구별해줄 수 있는 방법이 없다. 문제는 이 주체화의 구멍이 개인적 정념으로 가득 차 주체화의 함정으로 작용할 때이다. 인간에게 제대로 된 정념의 상태에서 벗어나는 생산적 주체화는 글쓰기를 통해서 드러난다. 결국 우리에게 산다는 것의 본질은 자신의 대본을 쓰는 글쓰기에서 성패가 드러나지 않을까. 그런 의미에서 이 글을 쓰는 나도 지금 나 자신을 위한 하나의 대본을 쓰고 있는 것이다.

정기남

거북이 시-하기

> 먼 바다 소리 먼저 듣고
> 큰 거북이 서둘러 간 뒤
> ―황지우, 「비로소 바다로 간 거북이」 중에서

 헤르메스는 거북이의 등딱지로 세 개의 리라를 만들어 아폴론과 암피온 그리고 오르페우스에게 주었다고 한다. 아폴론과 오르페우스는 그럴듯한데, 암피온은 생소하다. 그는 헤르메스에게서 받은 4현으로 된 리라에 현 3개를 추가하여 칠현금을 새로 만들었다고 전한다. 암피온은 이 리라를 연주해서 테바이 성을 지었다고 한다. 암피온이 리라를 연주하면 돌들이 움직여 스스로 성벽을 쌓았다고 한다. 시-하기를 했다는 말이다.

언어의 분자적 속성을 분출하게 하라. 언어의 강도를 벼려라. 단어들이 춤추게 하라. 소리들이 날아다닐 것이니 … 바다에서는 사람의 말이 들리지 않는다. 말의 음吾-되기는 그렇게 성이 쌓이기 전의 감각의 사건 이전이다.

여수 돌산도에 있는 향일암의 원래 이름은 영구암靈龜庵이었다고 한다. 해수관음 기도 도량이다. 거기 바위들은 거북이 등처럼 갈라진 줄무늬를 이루고 있다. 그렇게 거북이 바다 쪽으로 팔을 휘저으며 들어가고 있는 형상을 취하고 있다. 황지우 시인은 「바다로 돌아가는 거북이」에서 "안에는 또 안이 있었구나"라고 하면서 또, "아무리 밖으로 나가봐, 거기에 또 바깥이 있지!"라고 노래한다. 오른쪽 앞발은 보이지 않는다는데, 왼쪽 뒷발은 생생하다는 걸까. 바다로 가는 길에 진득진득한 진흙밭을 걸어야 하는데….

"무릇 문체는 온몸으로 꼬리치는 것"이기에 거북이는 진흙밭에서 놀다가 시인이 부르면 머리를 내놓아야 한다. "거북아 거북아 수로부인 내놔라." 수로부인은 시 한 편을 건져 내기 위해서 바다로 뛰어들었을 것이다. 바다는 "不

死보다는 生"하는 곳이라서 황지우 시인은 김현 선생을 기꺼이 바다로 보내드린다.

진은영 시인에게는 거북이 등이 소녀의 가슴처럼 보이나 보다. 뜨거워진 내열은 표면을 열고 터져 나온다. 그 "갈라지는 틈새로 태어나는 감각들"을 살아내야 한다. 그 미열의 감각을 포획하는 것은 시인의 몫이다. "여자와 아이들의 구멍 난 얼굴 위에" 물을 가득 채우고, 흔들리는 물그릇같이 젖는 것이 시인의 일이라고 한다. 그렇게 마지막 시 한 편을 손에 쥐는 듯싶다가 다시 실패하는 것이 시인의 숙명이라고 시인은 「나에게」에서 주장한다.

뱀의 살가죽 터진 자리에는 꽃비늘이 더께처럼 얹힌다. 거북이 등짝에는 참언이 새어 나온다. 일찍이 앞날이 불안했던 인류는 거북이에게 신탁을 물었다.

바다는 다양체이다. 이질적인 것들이 무리를 이룰 뿐, 합쳐지지 않는다. 물방울들이 거대하게 모여 있어도 수구水球라는 몰적 리바이던이 되지 않는다. 물방울들의 틈-사이가 여전히 온존하기 때문이다. 물방울들을 접속하는 방법은 연접이 아니고 이접의 방식이라야 한다. 그것이 바로 알레고리이다. 알레고리는 상징과 달리 열린 체계이다. 이질적인 것들을 온존하여 병치시킬 뿐으로 리듬이 창발한다. 리듬은 바로 이질적인 물방울들이 부딪히면서 방향을 바꾸어나가는 움직임이다. 그래서 바다의 노래는 리토르넬로이고 간주곡이다.

라그노로크의 무대는 바다였다. 늑대 스퀼의 턱이 태양을 삼킬 때, 태양의 핏덩어리가 흩뿌려진다. 바닷물에 죽은 자들의 손톱으로 만들어진 배 나글파르가 바다로 나간다. 박명시薄明時라야 노을이라는 시가 영근다.

변화를 위해서는 단단한 자아를 감싼 거북이의 등껍질은 터져야 한다. 거북이는 온통 주름진 몸체이다. 거북이의 등짝에는 '십자가'가 파고들어 '생명의 셈가지'가 아로새겨져 있다고 로렌스는 그의 거북이 연작 시편에서 말한다. 여호와가 계명을 석판에 새겼다면, 시인은 거북이의 등짝에서 계명을 읽어낸다.

무색의 물방울들이 모여서 다채로운 색의 향연을 펼칠 수 있는 것은 물방울들의 틈-사이 때문이다. 특이자들이 득시글거릴 수 있는 곳. 틈-사이는 물방울들이 서로 섞이지 않은 채로 서로 다른 힘의 강도를 발산하게 하는 처소다. 모든 '-되기'가 역동적으로 생성하는 힘을 발휘하는 이유이기도 하다. 인력과 척력이 공존하는 틈-사이가 있어 서로 교류할 뿐, 지배하지 않을 때, 거북이가 시를 잉태한다.

로렌스의 수컷거북이는 황소에게 찢겨야 하는 어린 오시리스다. 그의 멍텅구리 코는 냄새를 맡지 못해서, 암컷의 씰룩이는 살갗의 주름을 손으로 더듬어 감지할 뿐이다. 암컷거북이와의 결합을 위한 그의 내면의 분출은 결국에는 산산이 부서져야 할 욕망이었다. 암컷과 수컷은 성교의 정점에서 이 세상에서 그 무엇도 온전히 홀로 존재할 수 없음을 깨닫고 단말마의 신음을 뱉는다. 거북이의 등짝이 갈라지는 것은 이 순간이었을 것이다. 거북이의 후손인 시인은 거북이의 진한 울음을 온몸으로 들을 수 있어야 한다.

바다의 이쪽 해안과 저쪽 해안 사이에는 수많은 선분이 일렁거리고 있다. 서로 밀치고 당기는 물방울들이 어깨동무하면서 만들어내는 선분들은 회절한다. *波空들의 波動化*. 서로 닿으려다가 또 멀어져야 하는 안간힘이 바다의 표면장력을 형성한다. 주관과 객관의 사이에도 수많은 내재적 평면이 존재한다. 순간적 증가분 또는 감소분들은 무리수이고, "끝에서 두 번째" 것들의 극한이 배치의 변화를 야기한다. 그것들 속에서 새로운 이미지를 끌어내는 것이 시의 과제다. 실선을 완성해내려는 허수들의 살 떨림. 원뿔과 원기둥을 중첩시키려고 하는 데서 리듬이 태어난다. 극소의 곡률이 쿼크의 실체이다. 바다를 가로지른다는 것은 가장자리에서 가장자리까지, 노인으로부터 소년에게로 전염시키겠다는 의지이다. 헤밍웨이의 사자는 아프리카의 노란 해안에 출몰한다. 그리고 남진우 시인은 "타오르는 사자의 커다란 눈이 내 눈에 가득 찬(「새벽 세 시의 사자 한 마리」)"[1]다고 고백한다.

뭍에서 산산조각이 난 거북이는 바다로 간다. 찢겨 바다에 흩뿌려진 육신의 조각을 찾아서 바다로 간다. 물푸레나무 이그드라실이 신음하며 울부짖는다. 잎새들은 떨고, 가지는 흔들리고, 뿌리는 전율할 것이다. 바다는 그 고통을 육각형 무늬의 아라베스크로 담아낸다. 거북이는 그 불안의 바다에서 시인의 부름을 받아 잠시 왔다가 긍정

---

[1] 남진우, 『새벽 세시의 사자 한 마리』, 문학과지성사, 2006년, 16-17쪽.

의 바다로 돌아간다. 시는 바다가 생명이라는 표식이다. 바다를 살아내기 위해서라도 거북이가 몸소 시를 쓰게 해야 한다.

의미에 구멍을 뚫어버리는 것은 시의 일이다. '깨어진 항아리' 이전에 금 간 표면이 있었다. 언어를 위태롭게 하라. 비어 있는 페이지는 그대로 두라. 애써 채우려고 하지 마라. 마침표를 찍지 말라. 배면으로 가는 통로를 내는 일이다. 숭숭 뚫린 구멍 속으로 어둠이 배어들게 하라. 알레고리는 그런 것이다. 바다는 빈 페이지다.

시는 변용하기이다. 원초의 지각(percept)과 감응(affect)을 지피는 행위다. 말을 통해서 이제 동물이 되라고 명령하기이다. 이제 시인아, 당신은 거북이가 되었는가?

거북이가 바다 주름 속으로 말려드네,
거북이가 시를 하네,
거북이가 바다가 되었네….

바다-하기

> 파도는 해변에서 부서졌다
> —버지니아 울프, 『파도』에서

파도들은 진동들이며, 언제나 그만큼의 추상들처럼 고른판에 기입되는 움직이는 가장자리들이다. …(중략)… 각각의 인물은 파도처럼 걷는다.[1]

『파도』는 바다-하기의 소설이다. 이야기 주체들이 마구 섞여 버린다. 버너드, 네빌, 루이스, 지니, 로다, 수잔 그리고 퍼시벌이 각자로 그리고 여러 경우의 수로 이합離 슴하면서 다양체를 이룬다. 로다의 배는 하얗고 세상의 사물과 사건은 온통 하얗다. 루이스는 사슬에 묶인 짐승처럼 해안에서 발을 구른다. 지니의 몸은 춤추는 바다이다.

---

1) 들뢰즈/가타리, 김재인 옮김, 『천 개의 고원』, 새물결, 2001, 478-479쪽.

네빌은 교회의 첨탑 사이에서 돛대를 본다. 퍼시벌은 바다에서 떠오른다. 수잔은 바닷가에서 줍는 돌멩이에서 하얀 언어를 본다. 버나드는 파도가 우리를 뒤덮을 거라고 염려한다. 바다에서 자생할 수 있는 '나'는 없다. 주체들은 변전하는 과정 중에만 있다. 그 주체들은 해의 높이 변화와 파도의 생성이 병행하면서 순수 감각의 리듬을 주고받는다. 더듬듯이 미세 지각의 흐름을 따라간다. 연결사(connetives)들만이 돋들린다. 무의식의 흐름에는 주인공이 없다. 파도라는 화자는 다성多聲이다. 찰나의 인상으로 그려내는 바다는 실체가 없다. 지각과 감응들의 연쇄일 뿐이다. 이미지들이 텍스트를 가로지른다. 차이들을 생산하면서도, 그림자도 남기지 않은 채….

> 바다는 파편들의 쓰레기장이다. 파도는 불연속의 패치워크다. 파도는 바다를 접어서 주름을 낸다. 역사의 약자들이 조각난 상태로 너덜너덜하게 해초의 머리카락으로 흐느적거린다. 꽃잎으로 등대를 세워보지만 여전히 배는 침몰하고, 절벽에 부딪혀서 박살이 나고, 선원들은 익사하고, 파도는 소용돌이 친다.[2]

바다의 밑바닥에서는 거품이 인다. 바다는 실패가 아름

---

2) 버지니아 울프, 박희진 옮김, 『파도』, 솔, 2004, 27-28쪽.

다운 곳이다. 이렇게 파편화 된 것들을 속류俗流 인간은 악마라고 규정짓는다. 파편들은 짜깁기되어 인간의 힘을 넘어서는 리바이어던이라고 가상의 적을 만들어낸다. 아름다움은 巨像을 부수는 파도에서 찾을 수 있을 뿐이다. 나의 몸을 조각조각 낼 수 있을 때 바다에서 파도의 항해는 가능해진다. 세상에 파도가 아닌 것은 없다.

바다는 구멍들의 난장이다. 익명의 사건들로 끓어오르는 중이다. 시원으로 돌아가는 모든 욕망을 해방시켜주는 곳도 바다이다. 그래서 바다는 바로 구멍이다. 남극과 북극의 물이 지구에 붙들려 있는 것은 지구가 온통 구멍(드므)이기 때문이다. 니플하임의 얼음과 무스펠하임의 불이 만나는 게 가능한 것도 기눙가가프라는 틈새가 있기 때문이다. 무시무시한 괴물 뱀인 요르문간드는 이 바다에서 자신의 꼬리를 물고 있다. 그것이 바다의 자전自轉이다.

바다는 소음 천지다. 바다는 노래할 줄 모른다. 그냥 벗어나려고 소리칠 뿐이다. 무너짐의 소리만이 무성하다. 일어서는 것들은 소리를 내지 못한다. 자빠지는 것들만이 절규한다. 빠르게 무너지느냐 느리게 무너지느냐를 다투는 강도強度의 차이가 만들어내는 무늬다. 무너지는 속도와 강도의 차별화가 대세다. 찢어지는 힘으로 찢는 힘을 얻는다. 질료로서의 소리의 세계는 그렇게 우주와 교감한다.

바다는 전염력이 강하다. 하늘을 전염시켜서 섬유질의 바람이 불게 한다. 달과 태양을 전염시켜 빛을 쏟아내게 한다. 그렇지만 바다는 신화의 세계가 아니다. 바다는 영원히 해체하는 힘으로서만 존재한다. 그래서 은유와 상징으로 표현되지 않는다. 바다는 욕망의 환유고리로 출렁거린다. 미끄러지는 게 아니라 사방으로 무너져 내린다. 그냥 수직으로 세워두는 것들의 병치, 그런 평등의 층위들이다. 바다의 표면은 그래서 다차원의 리좀이다. 프랙탈의 고른판이다. 운동과 생성은 알레고리 자체이다.

바다는 부단한 무너짐과 일어섬의 반복 패턴이다. 차이와 반복은 가치와 목적이 탈주하는 소용돌이 그 자체다. 니체는 거기서 "능동적 허무주의"[3]를 제안한다. 탈주선들의 극한은 소용돌이의 벡터이다. 파괴가 바로 생성의 질료가 된다. 바다는 무한한 파괴와 창조의 과정 자체이다. 그 과정 자체가 세상의 모든 원시종교가 주창했던 대

---

3) 프리드리히 니체, 백승영 옮김, 『유고』(1887년 가을~1888년 3월), 니체전집 20권; 책세상 2014, 22-23쪽.

긍정大肯定의 세계이다. 그래서 바다는 시원이다. 바다는 "힘에의 의지"의 다양체이다. 니체가 영원히 생성하고 회귀한다고 말하는 세계는 바다를 두고 한 말인지 모른다. 인과와 도덕으로부터의 자유가 초인의 바다로 가는 첫걸음이다. 바다에서는 목표라는 궁극적인 상태를 상정할 수 없다. 바다는 생성을 시작하는 시점이나 과정을 끝내는 지점이 없다. 바다는 평형 상태를 두려워해서 항상 물구나무선 자세로 움직인다. 니체가 말하는 대안 세계는 그냥 바다다.

> 이 세계는 시작도 끝도 없는 괴물스런 힘이며 …(중략)… 스스로 변전할 뿐인 힘의 스펙트럼이며 …(중략)… 함께 휘몰아쳐 다니면서 변신하는 힘의 바다이며 …(중략)… 썰물과 밀물처럼 변이하는 형태들의 유희이며 …(중략)… 여전히 스스로를 긍정하는 생성이다. …(중략)… 무구한 자기 창조와 불후한 자기 파괴인 디오니소스의 세계, 이중의 관능이라는 비의의 세계, 선과 악의 그 너머의 세계, 즐거움이 유일한 목표일 수 있는 세계, 이 세계가 바로 '힘에의 의지'이다.[4]

바다의 실체는 자기를 부정함으로써 자기를 극복하는

---

[4] Nietzsche, Friedrich. *The Will to Power*, translated by Walter Kaufmann. New York: Vintage Books, 1968. (한글 발췌와 번역은 필자)

생성이다. 니체는 아마도 대지가 아니라, '바다로 돌아가라'라고 말하고 싶었을 것이다. 버지니아 울프도 이렇게 '무너짐으로써 다시 일어설 수 있는 힘'을 파도에서 보아내었을 것이다. 태양이 바다를 변하게 하는 것이 아니라 바다와 태양이 서로 탈주하면서 이 세계가 변하는 것이다. 그렇게 바다는 다양한 강도强度의 힘들의 상호작용이다.

그렇다면 '기관 없는 신체'으로서의 바다를 어떻게 표현해낼 것인가. 이러한 바다를 오롯이 담아내는 언어가 있기는 한가. 우선 변화하는 순간을 잡아챌 수 있는 웅숭깊은 언어라야 한다. 성긴 그물인 통상의 언어적인 분절로는 바다의 무의식을 건져 올릴 수 없다. 파도의 힘으로 기표들의 연쇄를 끊어내야 한다. 들뢰즈/가타리가 말한 대로, 파도는 바다를 "절단"하지 않고 "단절(rupture)"한다. 버지니아 울프는 『파도』에서 태양과 바다를 아홉 마디로, 자신을 일곱 명으로 단절했던 것이다. 바다라는 언어는 명명하기가 아니라, 행위하게 하는 힘이다. 언어를 새로운 방식으로 배치하는 장이다. 힘을 행사하는 것이 전부다. 들뢰즈/가타리가 말하는 바다의 발화는 '집합적 배치'에 다름 아니다. 바다의 언어는 '해도海圖 그리기'라야 한다. 모사나 재현이 아니라, 다이어그램이어야 한다. 그래서 항해사-시인들은 항상 바다의 근육이 뿜어내는 습기에 그의 펜인 지느러미가 흠뻑 젖어 있는 것이다. 바다-언어는 발음하는 순간 물고기의 지느러미가 움직이게 하는 역능이다.

버지니아 울프는 파도의 리듬으로 『파도』라는 시를 썼다. 파편들을 주워 모와 바다를 재생하기 위해서는 자신만의 특별한 스타일을 발명했다. 독백의 파편들을 오롯이 담아내는 집음기集音器를 스스로 고안하였다. 빛과 그림자의 탈주선을 함께 포착할 수 있는 화폭을 사용한다.

바다는 시작과 끝이 없는 그냥 흐름이다. 그 흐름은 어느 특정 시점에서 시작되는 것도 아니고 어느 미래 시점이 특정되는 것도 아니다. 파도는 시간을 펼치고 접을 뿐이다. 하나하나의 물방울은 구부러지면서, 떨어지면서, 녹으면서 저마다의 사정事情을 담고서 함께 모여 표류한다. 그래서 바다는 반과거와 전미래 시제이다. 시간을 정할 수 없는, 그래서 모든 시간이 혼재하는, 어떤 주체도 감당할 수 없는 시간의 총체성이다. 아니 모든 상상 가능한 시제의 다양체이다. 그렇게 물방울의 시간은 특별한 사건 없이도 중단없이 '지속'한다.

파도는 파편들이고 파선波線들이다. 파선破船시키는 힘이다. 파도를 리바이어던이나 포세이돈으로 읽으려는 허위와 기만을 무너뜨리는 강력함 무기로서의 알레고리가 동원되어야 한다. 순간적인 인상들을 파편적 서술 방식으로 붙잡을 때 필연적으로 생길 수밖에 없는 바늘땀이라는 틈새에 주목해야 한다. 파도의 어긋남에 천착해야 한다. 저 한순간의 물방울에서처럼 지금-여기로 다른 시간이 중첩되게 해야 한다. 물방울들이 서로 맞물리는 방식에 주목해야 한다. 어쩌면 바다-언어는 순간의 파편 조각들을 이어보려는 힘겨운 몸짓이다. 찰나의 느닷없는 몰락이 촉발시키는 촉촉함에 감응할 수 있을 때 잠재성이 발현하게 될 것이다.

바다는 "자아 없이 보는 세계[5]"이다. 바다를 살아내려는 작가와 화자 그리고 등장인물은 비개인적이어야 한다. 우리가 세상 모든 사람이 될 수 있어야 한다. 그러기 위해서는 오로지 지각하고 감응해야 한다. 간주(interlude)에

---

[5] 정명희, 「『파도』: 비개인성의 미학」; 한국버지니아울프학회, 『버지니아 울프 2(동인, 2013)』, 166-193쪽.

서는 해가 바다를 내려다보는 것이 아니라, 바다가 해를 올려다보는 것이 아니라, 빛의 입자와 물의 입자가 그냥 섞인다. 『파도』의 구문들은 '누가 말했다'라고 표시를 남기지만, 누구의 말이라고 해도 좋다. 떨어지기만 하는 침묵의 물방울은 치환이 자유롭다.

『파도』의 인물들은 어떤 성향이나 능력을 가진 잠재성일 뿐이다. 아직 무언가로 고착되지 않은, 여전히 '-되기' 중인 인물들이다. 퍼시벌은 이미 부재하는 그들의 분신이다. 그들을 존재할 수 있도록 해주는 '비어 있는 중심'이다. 그래서 그들이 사용하는 화법은 자유간접화법이라야 한다. 자유간접화법은 언표 주체와 언표행위의 주체가 포개져서 동조나 공명이 일어나게 하는 장치이다. 등장인물끼리, 그리고 그들이 자연과 소통할 수 있도록 연결하는 밧줄의 역할을 한다. 『파도』의 작가와 화자와 등장인물의 발화는 구분되지 않는다. 특정 개인이 말하지만 사담이 아니다. 경계를 지우는 화법이다.

『파도』에서의 언표 행위는 집단적 배치일 뿐이다. 버지니아 울프가 구사하는 바다-언어는 모든 등장인물과 화자를 해방시킨다. 언어 그 자체가 흐르게 한다. 밀가루 반

죽을 뜯어내서 툭툭 던지듯이 발화하고, 수제비는 물 위에서 튕기기만 한다. 그러다 심연으로 떨어진다. 말이라는 사태 이전으로 돌아가서 말하는 화법이다. 이질적인 것들이 뒤섞이면서 서로 충돌하는 다성多聲이면서, 소음騷音이다. 소음消音이다. 원음原音이다. 원음圓音이다. 원음遠音이다.

파도는 춤이다. 생성이다. 시간을 정할 수 없는, 그래서 모든 시간이 혼재하는, 어떤 주체도 감당할 수 없는 카오스의 춤이다. 딱히 내가 춤추는 것도 그가 춤추는 것도 아니지만, 누군가는 춤추고 있는 것이 바다다. 순수한 잠재성만을 표현할 수 있는 동사가 있다면 그것은 부정법不定法 동사(mode infinitif, infinitive)일 것이다. 주어가 없이도 목적어가 없어도 혼자서 춤출 수 있는 동사의 바다. 바다에서는 주체의 등장 이전에 행동과 사건의 잠재성이 먼저 드러난다. 의미가 다만 꿈틀거리고 있을 뿐인 유동화의 사태이다. 무언가를 변하게 할 수 있는 힘의 역능이다.

바다-언어는 '세계-내-존재'로서 감각 이전의 지각불가능한 세계를 열어 밝히려는 고난의 여정이다. 기표와

기의의 구분이 사라지는 '현존재'가 그냥 존재하는 방식이다. 차이와 사이의 세상, '지연'이라는 시간 그 자체, 어둠인 구멍들의 난분분이다. 모든 형태의 구별이 없어져서 오히려 홀가분한 존재의 순간이다. 힘들을 포획하려 애쓸 뿐, 형상을 빚으려고 해서는 안 된다. 탈주선들을 그려내야 한다. 바다-언어는 소수자-되기를 실천해야 한다. 컨텍스트에 따라 끊임없이 변하는 문장을 구사해야 한다. 갈기를 세우는 짐승이 짓는 소리를, 무너지는 자의 신음 소리를 내야 한다.

말이 바로 행동이 되는 바다를 어떤 문체로 표현해야 가능한가. 언어 자체의 흐름의 역능으로 무의미를 생성하는 무의식의 세계인 바다-하기의 현장은 알레고리라는 문체로 자유간접화법과 부정사라는 무시제로 표현할 수밖에 없을 것이다. 이제-여기에서 살아나는 것은 바다. 버지니아 울프의 파도는 디오니소스적 생성을 가능하게 하는 추동력이다. 힘에의 의지이다. 스스로를 무너뜨리고 다시 일으켜 세우는 생성의 과정이다. 스스로 변화하는 흐름이다. 파도를 질주케 하라! 어둠의 파도가 다시 해안을 덮치게 하라!

박쥐-돼지꼬리-고래의-고독

> 그런데 지금 너는 거꾸로 하고 있다
> 한평생 똑바로 선 적이 없어서
> 뭐가 거꾸로 된 건지 모르겠군
> ―홍준성, 『카르마 폴리스』 중에서

 『카르마 폴리스』의 박쥐와 『백년 동안의 고독』의 돼지꼬리와 『고래』의 고래는 우선 기괴하다. 심지어는 고독하기까지 하다. 그네들은 몰적 힘들을 혐오해서 세상을 전복하려고 한다. 기성의 것들을 침식해서 분자로 분해한 것들을 재배치한다. 이러한 과정을 주도하는 것은 균류와 박테리아, 바이러스의 전염력이다. 이야기의 힘이다. "이야기는 끊임없이 흘러가고, 흩어졌던 것들은 예기치 못한 곳에서 다시 끼워 맞춰짐"[1]으로써 세상을 바꾼다. 은유가

---

1) 홍준성, 『카르마 폴리스』, 은행나무, 2021년, 103쪽.

아니라 변용이 재배치를 가능하게 하는 힘이다. '따라하기'가 아니라 다른 삶을 살아야 한다.

벌떼의 뭉치기, 박쥐떼의 무리짓기. 노랑나비떼의 우글거림이 약자들의 힘이다. 그들은 무리의 역량으로 일어선다. 고래의 욕망은 몰락해야 한다. 포주와 창녀, 죄수와 간수, 부두의 건달과 노무자, 작고 누추한 것들, 유령들, 바크셔, 약장수와 엿장수와 생선장수가 빈민의 거리에 넘쳐나야 한다. 생명은 아름다워지기가 아니라 추해지기이다. 추함의 권리선언이다. '미물-되기'이다. 약한 것들과 강한 것들에게 부여되었던 힘들을 역전시키는 것이다. 혁명은 그로테스크해야 한다.

거대한 톱니바퀴를 어긋나게 하는 박쥐였다. 어느 눅눅한 가을날 박쥐 한 마리가 난데없이 고서점 다락방으로 날아든다. 고서점의 주인장은 꼽추다. 고서점은 도시의 남쪽에 있다. 박쥐는 책의 활자를 갉아 먹는 책벌레를 닥치는 대로 삼킨다. 그중에서도 다듬이벌레목 하목의 책다듬이벌레과에 속하는 먼지다듬이벌레에 주목해야 한다. 세상의 모든 사건과 사태들은 신이 아무것도 하지 않는 사이에 벌어진다. 그래서 박쥐는 거꾸로 사는 법을 택한다. 무릎이 망가져 다리를 저는 어느 부인(그녀는 도시의 북쪽 빈민굴에 산다)이 이 박쥐를 고아 먹고 박쥐-인간을 낳는다. 맏공주는 가고일-박쥐의 기괴한 미소를 삼키고 나서 혼돈을 사랑하는 가시여왕으로 다시 태어나고 박쥐-왕자를 낳는다. 이렇게 삼키는 행위는 분자화로 가는 시작이다. 먹이사슬은 삼키고 분해하는 연쇄다.

홍수가 휩쓸어 버리는 곳은 세상의 낮은 곳 빈민굴이다. 그래도 거기 잔해 속에서 송골매 박제는 발견되고 박쥐-인간은 살아남는다. 박쥐-인간의 귀는 어긋나고 부딪히고 무너지고 아프고 슬픈 것들이 토해내는 비명과 비탄의 소리들을 삼킨다. 눈이 퇴화해버린 박쥐-왕자의 눈에서 날뛰는 부서진 분신-유령들의 조각들을 삼킨다. 새로운 생명을 빚어내는 것은 이런 아수라장에서라야 가능하다. 42호는 홍수처럼 쇄도하는 이 소리들을 담아내기 위해 고독 속으로 들어가야 했다. 스스로 '책벌레 박쥐'[2]가 되어서 세상의 활자의 위선을 삼켜버린다. '앞뒤가 안 맞는 책'[3]을 쓰기 위해서였을 것이다. 책들의 집단 매장지

---

2) 홍준성, 128쪽.
3) 홍준성, 189쪽.

에서 활자들이 녹아내리면서 해골들은 거침없이 성교를 하고, 유령들이 솟구친다. 평생 똑바로 서보지 못한 자들이 거꾸로 살 수 있다. '뒤틀림이 질서인 세계'[4)]를 창조하라. 난쟁이들이 전염병을 퍼트리도록 하라. 박쥐떼가 날고 박제들이 불타올라 번제를 올릴 것이다. 아름다움의 허위를 뒤집기다.

해적 드레이크로부터 시작한다. 느닷없는 침입이다. 집시가 들어온다. 그리고 바나나 회사가 침탈한다. 돼지꼬리의 묵시록이 이야기를 지배한다. 젖은 흙을 먹는 레베카는 고양이 눈을 갖게 된다. 그 눈은 불면증의 징후였다. 그리고 불면증에 전염된 사람들은 "그 얘기를 또 해달라고 하고, 그러면 같은 얘기를 또 하고…"[5)] 불면증이라는 병은 음식을 삼키는 입으로 전염된다. 불면증은 기억 상실의 주범이다. 백 살이 넘어선 우르슬라는 눈이 멀자 남아 있는 감각과 기억을 이용하여 살아낸다. 나무를 갉아내는 흰개미와 옷을 갉아먹는 좀벌레와 집 뿌리를 파먹어

---

4) 홍준성, 189쪽.
5) 가브리엘 마르케스, 안정효 옮김, 『백년 동안의 고독』, 문학사상, 2016, 49쪽

대는 붉은개미들의 소리를 들을 수 있게 된다. 아마란타 우르슬라는 하혈하다가 투명해져서 죽는다. 돼지꼬리를 달고 태어난 아이는 개미가 데려간다. 『백년 동안의 고독』은 망각을 이겨내기 위한 이야기의 사투다. 민중의 그로테스크한 리토르넬로이다.

부엔디아 집안을 아우르는 것은 여인들의 연대다. 아우렐리아노 대령의 서른두 차례의 반정부 봉기가 가능했던 것은 여인들의 힘이 버티고 있었기 때문이다. 남자들의 전쟁은 패하기 마련이고, 연금술과 은세공으로 만들어 내는 황금물고기는 헤엄치지 못한다. 기록하지 않은 자의 역사는 왜곡된다. 남자들이 양피지 원고를 해석하기 위해서는 고립이 필요할지 모른다. 그러나 여성이 돼지꼬리가 달린 새로운 인간을 받아서 양육해내려면 고독이 필요하다. 불안, 울분, 절망, 포기, 권태, 슬픔, 후회, 반성은 고독의 자세가 아니다. 여성-되기는 "태풍처럼 먼지와 돌조각들을 하늘로 뿜어 올리는"[6] 분기탱천이다. 추녀와 마녀와 창녀가 주도하는 혁명이란 이런 것이다. 새로운 종족의 세대를 번식해내는 힘이다. 박쥐를 낳고, 돼지를 낳고, 코끼리를 낳는 힘이다.

---

6) 가브리엘 마르케스, 460쪽.

거대한 양물을 가진 반편이를 삼킨 박색의 부엌데기는 딸의 눈을 찔러 애꾸눈을 만들어 버린다. 이렇게 모든 저주와 복수극은 가족에서 시작된다. 벌떼들이 뭉치면 여왕벌-고래가 될 수 있다. 관능의 남쪽 바다는 고래다. 고래의 몸에서는 풀냄새가 난다. 고래는 분기憤氣한다. 고래는 찢어 발겨져 내장을 드러내야 한다. 인간은 팔다리가 생기기 이전의 물고기로 돌아가야 한다. 거대한 '걱정'을 삼킨 거지 여자가 술집 마구간에서 거구의 벙어리 여자 아이를 낳는다. "이불 위에 바늘 떨어지는 소리를 듣고, (작은) 사물을 골똘히 응시하고, (진흙을) 조심스럽게 만져보고, (안개와 밤의) 냄새를 맡아볼 수 있는" 아이의 세계에서라야 고래는 헤엄치는 개망초가 된다. 고래를 해체할 수 있을 때, 코끼리는 새가 되어 날아간다. 가면을 쓴 자는 얼굴을 뜯긴 자들이다. 어지자지가 되어야 한다. 어눌해야 한다. 말을 삼켜버릴 수 있어야 한다. 눈이 멀어야 한다. 고독해야 한다. 소신燒身해야 한다. 새로운 감응을 위해서다. 거대한 것들이 해체된 폐허 위에서라야 개망초는 무성하다. 누추한 야생의 개망초만이 화해할 수 있다. 고래의 '개망초-되기'이다.

비뫼시와 평대 그리고 마콘도에서는 세상을 뒤엎어버리는 홍수가 이야기의 허리 역할을 한다. 그 이야기의 주인공인 기형의 괴물들은 홍수를 살아낸다. 그 이야기는 연대기가 아니라 시간이 모래시계처럼 종횡무진으로 뒤집힌다. "100년 동안 날마다 일어날 사건들을 한순간에 한꺼번에 일어나게 하는"[7] 것이 리얼리즘이고 그것을 살아내는 것이 사랑의 혼돈이다. 현실과 환상을 가늠할 수 없어야 한다. 농담 같은 이야기는 수없이 반복되면서 차이를 만들어 낸다. 새로운 이야기를 지어내려는 자는 신화와 정경의 양피지를 덮어야 한다. 그러기 위해서는 스스로를 유폐해야 한다. 책 읽기와 벽돌 굽기와 은세공은 고독을 주조한다. 새로운 이야기는 고독한 자들의 장르다.

궁전과 극장과 책방이라는 거대 서사에 휘둘릴 수밖에 없는 힘없는 서발턴(Subaltern)은, 비뫼시에는 홍수와 전염병으로 죽어 나가고, 평대에서는 불에 타죽고, 마콘도에서는 총기로 난사 당한 뒤에 기차에 실려 바다에 수장된다. 죽이고 죽임을 당하다 보면 꺾일지언정 뽑히진 않는다. 自然死는 힘을 소멸시킬 뿐, 의미를 산출하지 못한다.

---

[7] 가브리엘 마르케스, 459쪽.

신체는 훼손되어야 한다. 뭉개져야 한다. 죽기 전에는 아기처럼 쭈그러들게 마련이다. 버찌가 되거나 귀뚜라미가 되었다가 쥐들한테 잡아 먹힐 뻔하게 된다. 그렇게 먼지가 되어 가는 것은 퇴행이 아니라 역행(involution)이다[8]. 자기파괴를 통해서 부식을 앞당긴다. 치료는 파괴에서 시작된다. 소외된 것들이 힘을 얻는 원리이다. 이 과정에 참여하려면 분자적인 미시지각이 필수다.

물과 불과 진흙이 그냥 벽돌이 되지는 않는다. 물에는 익사자가 넘쳐야 한다. 불은 사람의 집을 태워야 한다. 진흙은 굵은 다리, 코끼리의 발로 짓이겨져야 한다. 그리고 억세고 섬세하고 거칠고 투박한 손이 작용해야 한다. 육체의 쇠잔과 정신의 고독이 단단한 건축물을 짓는다. 거기가 벽돌공장이자 감옥이다. 고독해질수록 단단해진다. 돼지꼬리는 고독의 산물이다. 고독은 동질적인 것들의 동종교배가 아니라 근친 내의 이질적인 것들의 결연(alliance)이다. 사랑의 고독과 고독한 사랑이 탈주선이 될 수 있다. 역행하는 고독은 유전이 아니라 전염한다. 고독은 리좀의 방식으로 전염하고, 그래서 그로테스크하다.

---

[8] 들뢰즈/가타리, 김재인 옮김, 『천 개의 고원』, 새물결, 2001, 453쪽.

서이서

구공탄과 얼굴성

 차창 밖으로 보이는 나무들이며 풀숲이 편안한 얼굴을 한다. 도시의 움푹한 그늘을 벗어나는 느낌이다. 삶의 컴컴한 구덩이조차 봄이 읽어낸다. 바위 틈에도 꽃이 핀다. 누군가 새들을 보고 마음에 담아내는 것처럼 암벽 틈도 누군가에게 팔을 벌릴 수 있는 것처럼 아름다운 빈공간이 된다. 풀을 키워내고 나무를 키워내는 눈빛이 자라는 곳이기도 하다.

 작은딸의 얼굴에서 무엇인가 불편한 표정이 읽힌다. 표정은 흰 벽과 검은 구멍 사이에서 살아 숨 쉬는 듯했다. 딸아이는 고소해야 할 앙장구가 입에 써서 못 먹겠다는 언어를 방출하고 있는 셈이다. 앙장구 밥이 쓰다고 밀쳐 놓는 딸아이의 밥그릇을 내 앞으로 당겼다. 참기름과 달걀 노른자가 섞여 고소한 향이 코를 찌른다. 그렇잖아도 물회가 매워서 조금 먹다가 주춤하고 있었는데 딸아이의 앙장구 밥과 바꿔 먹었다. 맵지 않은 앙장구 밥이 입맛을 돋웠다. 늦은 점심으로 마음이 바빴다. 식당을 나왔다. 남편과 딸들이 나란히 앞서서 누가 먼저랄 것도 없이 바닷가를 걷는다. 남천동과 오륙도에 살았을 때는 매일 바닷가에 나와 모래밭도 걷고 보도블록을 걸었는데, 새삼스럽다. 대신동으로 이사 오고 나서는 그렇지 못했다.

일광 바닷가에 갈매기가 보인다. 갈매기가 먹을 것을 달라고 하는 듯 풍경에서 소리를 방사한다. 사람의 얼굴이 아닐 때, 흰 벽은 풍경이 된다. 갈매기는 요란하게 머리 위를 비행한다. 끼룩끼룩, 시끌벅적한 갈매기 소리에도 바닷물은 잔잔하다. 태양의 그림자가 물비늘이 울렁거리듯 움직인다. 눈부시다. 바다의 얼굴이다. 바다는 푸른색이라는 표면 위에 바람이 구멍처럼 표정을 만든다. 바다 표면이 풍경이 된다.

시간이 제법 지났다. 걸어서 해변을 나오는 길이었다. 빨간 등대에 불이 들어왔다. 깜빡깜빡거린다. 방파제를 돌아 나오는데 투명 비닐에 연탄이 5개씩 든 봉지가 두 개 쌓여 있었다. 오랜만에 보는 구공탄이다. 요즘은 연탄을 버리는데 다 타고 남은 하얀 연탄을 투명 비닐봉지에 넣어서 버리는지 큰 비닐봉지 두 묶음이 길 한쪽에 있었다.

하얗게 다 타고 남은 연탄구멍을 보면서 들뢰즈의 얼굴이 연상되었다. 얼굴의 검은 구멍은 비어있지 않고 타지 않은 에너지로 가득 차서 에너지를 방출할 수 있다. 즉 연탄처럼 주체적 행위를 하면서 탈영토화되기도 하고 재영토화될 수 있다. 타지 않은 연탄 에너지가 검은 구멍 속에 들어있고 흰 연탄은 에너지가 방출되어 이미 표정이 나온 뒤라서 다시 다른 것과 만나 리좀의 방식으로 다른 무언가를 만드는 흰 벽이 될 수도 있다.

사람의 얼굴은 우선 시각, 청각, 미각, 후각, 촉각 기관이 모여 있고 신체구조 중에서 다른 사람의 눈에 가장 잘 띄는 곳이어서 한 사람의 이미지를 대표하고 신원확인을 가능하게 한다. 또한 인간의 현재 감정 상태를 직관적으로 알려주는 구실을 하기도 한다.

에너지를 모으고 방출하는 검은 구멍은 하얀 표면과 함께 얼굴과 얼굴의 깊이를 알 수 없는 내부를 묘사하기 위한 은유로 보인다. 마치 얼굴이 심층과 표층을 연결하는 것과 같아서 얼굴은 기계의 산물로서 '얼굴성'이라는 추상

기계의 산물이 된다. 즉 구멍은 내적 주체성을 생산하는 기관이다. 하얀벽은 기표화 또는 의미화를 표상한다.

들뢰즈의 얼굴은 의미화와 주체화를 수행하는 추상적 기계라고 하며 탈영토화된 얼굴은 더 이상 얼굴이 아닌 머리가 된다. 프란시스 베이컨의 〈자화상〉(1969)은 기관 없는 신체로, 강밀도 제로인 상태이며 모든 부분이 고르게 분포되어있는 상태이다. 다른 분포의 강밀도로 새로운 기관을 만들 수 있는 '잠재적 능력을 갖춘 신체'이다. 기존의 기관 또한 강밀도의 분포를 달리하면 전혀 새로운 기관이 될 수 있다. 영화에서 보이는 극단적인 클로즈업에서도 오직 감정만 남아 있다. 정치 종교 사회 문화적 의미로서의 얼굴은 탈영토화되어 사라지고 바로 순수한 감정만 남은 들뢰즈의 감화 변용 이미지가 된다.

프루스트의 『잃어버린 시간을 찾아서』에서도 여러 가지 얼굴들이 나온다. 대표적인 것이 귀족의 얼굴성이다. 그것은 사교계의 모습으로 재탄생한다. 신경질적인 열광을 동반한 사교계의 얼굴들은 보잘것없고 공허하며, 기만적인 사랑과 질투의 얼굴들은 고통과 번뇌를 자아내고, 비의지적인 기억으로 이루어진 물질적이고 감각적인 얼굴들은 존재와 무 사이의 고뇌 섞인 기쁨을 안겨준다. 그리고 이 모든 얼굴들은 순수한 기쁨을 안겨주고 순수 사유를 촉발하는 예술의 얼굴로 수렴된다. 본질을 깨닫게 되는 계시에 도달하는 것 또한 사교계의 얼굴, 사랑의 얼굴, 감각적 얼굴이 아니라 바로 예술의 얼굴들을 통해서이다.

『잃어버린 시간을 찾아서』에서 보이는 얼굴로는 언어와 연결해서 보면 작품에서 뱅퇴유 소나타의 기표가 나타날 때마다 사랑의 의미가 형성되고 그것에 대한 주체들이 움직이게 된다 이를테면 스완과 오데트, 나와 게르망트 부인, 나와 질베르트, 나와 엘스티틴의 사랑, 설렘 등을 들 수 있다. 백인과 흑인, 흑인과 동성애자 즉 다양성을 제거하고 이항 구조로 환원하는 데에 뚜렷한 얼굴의 정치성을 보이고 있다. 귀족들과 부르주아의 살롱 문화는 얼굴을 통해 생산하고 부여하고 줄을 세우는 의미화와 주체화의 체제가 작동한다.

얼굴성의 추상적 기계는 개개인을 '귀족(살롱)-얼굴'에 통과시키거나 튕겨낸다. 이를 위해선 권력과 부르주아에 대한 기표가 기입된 흰 벽이 있어야 할 것이다. 사회에서 노력의 과정과 능력의 규정은 의미화하는 권력에 따라 만들어지고 고정되어 있다. 특히 살롱은 얼굴의 정치라는 표현의 실체이자, 귀족(살롱)의 얼굴을 구성하고 줄 세우는 단위 중 하나이다. 새로운 모임에 처음 가거나 새로운 사람을 만나면, 당연한 듯이 어떤 가문이냐는 질문을 여럿 받게 된다. 살롱 진출은 정상성의 기준점으로 작용하며, 반듯한 가문을 식별할 수 있는 얼굴 단위이다. 살롱은 출세 과정, 성공으로 이행하는 통과의례, 좋은 얼굴 진입의 문턱-기표를 가진다. '어떤 살롱이냐'에 따라서도 좋은 집안 등이 따라붙는데, 살롱을 단위로 얼굴을 구성하는 것은 '부자-빈자' 혹은 '귀족-부르주아'의 일대일 관계를 통해 얼굴을 구성하는 것과 맞닿아 있다. 더 좋은 교육을 받고, 기회에 접근하기 용이하며, '능력'에 가까워질 수 있는 배경과 부를 가진 이들이, 그렇지 않은 이들에 비해 교육과 기회를 통해 좋은 집안 확률이 높기 때문이다. 그때 흰 벽은 풍경이며 배경이 된다.

구공탄의 에너지가 들어 있는 검은 얼굴에서 에너지가 다 날아간 하얀 구공탄의 탈영토화가 되어 재영토화되는 순간에 있다. 하얀 구공탄은 다른 쓰임으로 기관 없는 신체가 되어 잠재태를 가진다.

프루스트의 『잃어버린 시간을 찾아서』에서 귀족의 살롱문화인 얼굴이 사라지고 엄격한 선민적인 살롱 문화가 시간과 더불어 탈영토화되고 재영토화되어 새로운 잠재태로 평범한 커뮤니티가 되어간다. 시간이 환경과 풍경, 흰 벽이 되어 구멍의 주체를 의미화시키지 않고 즉 백인과 흑인의 뚜렷한 정치적 의미가 퇴색해 기관 없는 신체가 되어 흑인도 부르주아가 되는 사회적 변화가 일어난다. 동성애자의 얼굴도 얼굴성으로, 추상적 기계로 해체하는 시대적 분위기가 된다.

결국 얼굴에서 벗어난다는 것은 진정 이상한 되기[9]이다. 기관 없는 신체가 되어야 하는 것이다. 이것은 탈기표작용과 탈주체성으로 향하는 길에서 가능하다. 얼굴은 파괴되고 망가지는 것으로 새로운 생성을 가진다. 이는 얼굴의 해체와 탈영토화를 의미한다. 얼굴과 인격성을 넘어서는 욕망하는 기계로서 얼굴성이라는 추상 기계가 기관 없는 신체로서 탈영토화에 기여한다.

구공탄의 구멍을 통해서 얼굴의 구멍을 생각하게 하고 얼굴은 흰 벽이라는 풍경, 표면에 구멍을 가지고 있고 그 너머로 다른 무엇이 있다. 베이컨의 그림 〈자화상〉(1969)

---

[9] 결국 생성이다.

에서 보이는 흘러내리는 얼굴은 얼굴성의 추상적 기계로 기관 없는 신체를 보인다.

길가에 늘어선 구공탄을 뚫어지게 쳐다보던 딸아이가 구공탄의 에너지가 구멍에서 나온다는 말을 남긴다. 그렇다. 산소의 공급이 구공탄을 더 활활 탈 수 있게 한다. 사람의 얼굴도 7개의 구멍이 있고 그 배치에 따라서 다른 에너지가 생긴다. 딸아이는 작년 3월부터 대학병원에서 근무한다. 한 번씩 내려올 때마다 다른 에너지의 배치를 하려고 무진 애를 쓴다. 봄에 보는 딸의 얼굴도 구공탄도 산소를 머금는 구멍 속에서 꽃을 만나길 바라는 마음이다.

봄의 얼굴은 모란이 떨어지는 모습에서 자기를 버려 시간과 공간을 얻는 꽃들의 길을 알 수 있다. 꽃 지는 허공이 꽃들이 가는 길이라면 막을 수 없다. 그런 응시는 누추한 덤불이 환해지고 새 세계를 얻으려면 가지고 있던 세계를 놓아야 한다는 것으로 연결된다. 꽃이 떨어지는 것을 보고 덤불에서는 또렷한 세상의 중심이 될 수 있는 것을 보게 된다. 이것은 흰 여백에 들여다 놓은 봄의 얼굴이 형상화된 것처럼 보인다.

따스함이 주는 인상은 죽음보다 힘센 절망의 그림자를

덜어낼 수 있다. 따뜻함의 동그란 불빛을 쬘 수 있는 그런 나의 스승들이 봄에 대한 노래를 한다. 알근이 싹을 올리는 것은 봄의 얼굴이다. 죽음보다 힘센 절망의 그림자인 겨울을 덜어내는 것이다. 구덩이의 꽃을 보며 겨울을 건너지 못할 사람은 없을 것이라고 노래한다.

시詩와 기관 없는 신체

들뢰즈의 기관 없는 신체라는 용어는 '알卵'에 비유하는데, 알은 말 그대로 아직 세포 분열이 일정 단계를 넘지 않아서 어떤 기관도 형성되지 않은 상태를 말한다. 이 알 상태는 닭이 알을 품고 기관이 생기고 병아리가 탄생하는 그런 것하고는 거리가 멀다. 기관 없는 신체는 기관의 부재에 의하여 정의되는 것이 아니다.

이것은 결정되지 않은 기관의 존재에 의해서뿐만 아니라, 결국은 결정된 기관들이 잠정적 일시적으로 존재한다는 사실에 의해 정의된다. 기관 없는 신체의 적이 단지 기관을 뜻하는 것은 아니다.

오히려 욕망의 흐름이 고착되고 통일되어 한 기관이 고정된 기능만을 수행하는 것에 반대하는 것이며, 나아가 유기체라 불리는 기관들의 조직화에 대립하는 것이다. 즉 유기체가 된다는 것은 모든 것을 하나의 중심으로 통합시키고 한 방향으로만 흐르게 하여 하나의 역할만 강요하는 것인 셈이다. 이전의 철학자들의 일자, 동일성에 대한 저항으로서 n-1, 비동일에 대한 것으로 전복에 대한 이야기인 셈이다.

그런 면에서 김언의 시는 '이미 있는 독자와 소통하기보다는 있어야 할 독자를 창조하겠다고 나선 시인들 중에 한 사람'[1]이다. 그런 시인들을 전위라고 부른다. 실제 김언의 시론집에 소통에 대한 그의 생각이 잘 나타나 있다.

> 소통은 '막히지 않고 서로 통함'이라는 사전적 의미에서 유추되듯 일차적으로 너와 나 쌍방의 문제이며, 궁극적으로는 자기 입장에서 비롯되는 문제이다. 자기 입장에서의 소통, 이 사실을 명시하지 않는 소통에 대한 논의는 그래서 한국 시단의 분명하고도 불필요한 과잉의 한 증상이다. 시가 안겨주는 은밀한 소통의 매력을 좀 더 부각하려면 소통에 부과될 불필요한 짐을 덜어주어야 한다. 그 짐의 상당 부분은 산문적인 소통과 구별을 못하는 자들의 과도한 자신감에 있다. 아니면 최소한 자신의 시적 감식안이라도 명시할 수 있는 자의식이 필요하다. 나는 왜 이 시와 소통이 되지 않을까, 라고 자문하는 자의식 말이다.[2]

---

[1] 신형철, "히스테리 라디오 채널", 『소설을 쓰자』(김언), 민음사, 2009, 165쪽.
[2] 김언, 『시는 이별에 대해서 말하지 않는다』, 난다, 2019.

김언은 산문과는 다른 성격의 시적 소통에 대해서 언급한다. 신형철에 따르면 러시아 미래파의 모토는 "대중의 취향에 따귀를 때려라"는 것으로 김언의 시를 백 명의 민중을 포기하더라도 한 명의 있어야 할 독자를 움직이는 것이 시인의 사명이라고 생각한다고 지적한다.

이런 면에서 동일성을 배격하고 있는 시인의 의식을 볼 수 있다. 들뢰즈의 기관 없는 신체는 유기적 기관을 거부하는 것이다. 즉 유기체가 된다는 것은 모든 것을 하나의 중심으로 통합시키고 한 방향으로만 흐르게 하여 하나의 역할만 강요하는 셈이다.

김언은 한 방향으로만 가는 소통을 기꺼이 버린다. 소통의 표준화에 대한 관심은 없다. 기관 없는 신체는 욕망의 억압과 통제를 통한 표준화, 체계화, 조직화 등에 대한 경계심이다. 결국 흐름이 자유로운 기관 없는 신체와 흐름이 고정된 유기체의 대립이 중요하며, 이 둘의 성질을 분석하여 그 장단점을 찾고자 함이 이들의 기본적 목표이다.

김언은 시 쓰기에 계속해서 기관 없는 신체를 유지하려고 애를 쓴다. 그의 시집 『소설을 쓰자』에서 「두 도시 이야기」를 보면 그런 시도가 보인다.

> 우리는 두 도시에서 태어났어요. 우리는 두 도시 사이에서 개인적인 과거가 있는 사람들입니다. …(중략)… 두 도시 사이에서 배운 말씨를 버리기, 두 도시 사이에서 사라지는 냄새를 두고 오기, 가져오지 말아야 할 것과 가져와야 할 것을 구분해서 지갑을 열기 …(중략)… 저쪽이 아니면 이쪽에서 두 도시를 얘기합니다. 아직 도착하지 않은 기차를 타고.
> ―「두 도시 이야기」, 부분3)

이 시가 실린 『소설을 쓰자』라는 시집은 시집 전체가 기관 없는 신체로서 평이한, 시대가 원하는 몸체에서 달아나려고 하는 과정에 있다. 「두 도시 이야기」는 디킨스의 소설 제목과 같다. 이 시는 이런 측면에서도 리좀의 뿌리를 가진 연결방식을 채택한 셈이다. 시인이 시로서 소설을 쓰자는 것은 글쓰기의 탈주 곡선을 그리고 있는 것이다.

탈주의 곡선은 시를 쓰자인데 재현의 방식이 아닌 표현의 방식인 것이다. "두 도시에서 배운 말씨 버리기"라는 구절에서 김언에게 가장 필요한 것은 최상의 완성된 시가

---

3) 김언, 『소설을 쓰자』, 민음사, 2009, 143-145쪽.

아니다. 쾌락에 포획되지 않는 절제를 시도하는 실천이 필요한 것이다. 기관 없는 신체는 신중하게 실천할 때만 만들어지기 때문이다.

김언의 『소설을 쓰자』는 시집인데 소설을 쓰자는 제목으로 말한다. 어떤 기관도 고착되지 않는 순수한 잠재성의 상태, 잠재적 에너지의 순수한 흐름 자체가 기관 없는 신체이다. 기관 없는 신체는 항상 탈주하여, 탈지층화, 탈코드화, 탈영토화 된다. 시 쓰기에 있어서 기관 없는 신체는 일반적인 시의 표준화, 체계화된 것으로부터 기꺼이 탈영토화를 향한다.

> 더러운 기타 소리를 들으면서
> 내 더러운 귀를 생각한다
> 더러운 것 가여운 것은
> 오히려 귓속에 들어앉은 벌레들이다
> 한 번도 이름을 밝힌 적이 없는 벌레들이
> 죽은 듯이 알을 까고
> 죽은 듯이 알을 깨고 나와
> 귓속으로 눈속으로
> 눈속에서 다시 더러운 내 눈을 들여다본다
> 더러운 기타 소리를 들으면서
> 저게 왜 더러운지 더러울 수밖에 없는지
> 내 눈은 생각한다

…(중략)…
신음하는 벌레들의 눈을 들여다본다
나는 내 얼굴을 볼 생각이 없다

—「이명」, 부분

첫 시집4)에 실린 詩「이명」이다. 초기 김언의 시는 그 이후5)의 시와 다르다. 일반적인 시 쓰기에서 크게 벗어나지 않는다. 그러나 '다름'이라는 관점에서 초기 시집 이후부터 보통의 시인과 다른 시각, 생각을 가지려는 의지가 보인다. 시인은 이렇게 자신의 사유를 넓혀 갔다. 자신의 시 세계를 생성해 가는 과정에 있다.

기관 없는 신체는 아직 확정되지 않는 기관들, 분화 중인 신체, 뚜렷한 형태로 현실화 되지 않은 힘들을 말한다. 기관 없는 신체의 대립적인 것은 유기체다. 유기체는 기관이 일정하게 조직화 되어 있고 통일하게 규정되어 있는 것이다.

김언의 초기 시집 이후의 시세계는 욕망하는 기관 없는 신체이다. 욕망은 기관 없는 신체의 진동, 흐름, 긴장, 확대의 과정일 뿐이다. 욕망은 처음부터 결핍이 없는 생성

---

4) 김언, 『숨 쉬는 무덤』, 천년의 시작, 2003, 30–31쪽.
5) 『거인』, 『소설을 쓰자』, 『모두가 움직인다』, 『한 문장』, 『너의 알다가도 모를 마음』

이기 때문이다. 이러한 생성은 리좀 방식으로 다른 다양한 전쟁 기계를 향해 연결을 만들어가는 과정인 것이다. 다른 기관이 될 수 없는 유기체는 강렬함이 없다. 오직 기관 없는 신체만 강렬함이 흐른다.

김언은 그의 시론집 『시는 이별에 대해서 말하지 않는다』에서 수전 손택의 발언을 인용한다. "해석은 지식인이 예술가에게 가하는 복수"6)라는 난해시에 대한 그의 생각을 엿볼 수 있다. 난해시는 비평가가 제 안목을 벗어나는 시에 가하는 가장 손쉬운 복수이면서 가장 무책임한 진단으로 본다. 난해시는 '해석불가' 이전에 '접근불가'라는 표지부터 매달고 독자들을 향한다. 그렇기 때문에 난해시라는 용어가 마치 문단의 법정 같은 구실을 한다는 것이므로 최대한 숙고한 다음에 꺼내 들어도 늦지 않다는 것이다. 그런 생각은 시인이 유기체처럼 머물지 않고 나아가려는 과정에 대한 시각의 한 단면이기도 하다.

따라서 김언의 시 쓰기는 존재들과의 마주침에 의해 표현적 차원에서 '변해가는 중'이라는 동태적인 특성을 가지므로, 객관적인 실재를 재현하고 표상할 수 있는 관념과

---

6) 김언, 『시는 이별에 대해서 말하지 않는다』, 난다, 2019, 199-200쪽.

는 달리 비재현적이다. 김언은 詩를 재현이 아니라 표현하려고 의도한다. 김언 시인의 시 쓰기는 현실의 사건이나 사물을 동일성의 원리가 아닌, 즉 유기적 체계화가 아닌 비동일한 표현을 하려고 계속해서 시도하는 게 아닐까.

봄밤, 이것임

 강의를 마치고 복도를 걸어 나간다. 건물 현관을 지나는데 밖에서 들이닥치는 향기들이 마스크 안으로 무차별 들어온다. 조명에 비치는 학교 건물들이 푸른빛으로 얼룩한 저녁을 더 불안한 곳으로 데려간다. 마치 기형도 시인이 어디선가 '봄날은 간다'는 詩를 읊조리는 것 같았다.

> 햇빛은 분가루처럼 흩날리고
> …(중략)…
> 세숫대야 속에 삶은 달걀처럼 잠길 얼굴은
> 봄날이 가면 그뿐
> …(중략)…
> ―「봄날은 간다」, 부분

 사고로 죽은 기형도 시인의 누이의 모습이 보이는 시로

읽힌다. 누이가 죽은 그날은 오늘과 같은 봄밤이었을까? 버스를 타지 않고 집까지 걸어간다. 길 한쪽에 보이는 미선나무가 입술을 깨물고 봄의 독기를 견디듯 뿜어낸다. 빛이 바스라지더라도 미선이가 손을 펴고 이름을 부른다. 나는 봄에서 멀리 간다.

시몽동의 발상들은 들뢰즈 되기 개념의 키워드 '이것'의 착상에 결정적으로 기여한다. 이것은 중세 철학자 스코투스가 창안한 개념이다. '이것'을 다른 것과 구분시켜 바로 '이것'이게 해주는 발본적인 특수성을 뜻했다. 들뢰즈의 '이것'은 내재성의 장에서 개체화의 산물, 그 특별한 하나하나를 말한다. 어느 계절, 어느 겨울, 어느 여름, 어느 시각, 어느 날짜 등이 '이것'이다. 그것도 완전한 것으로의 '이것'이다. 이 질료들을 주형, 틀, 본으로 끊어내는 게 아니라 계절, 장소, 시각으로 끊어낸다. 이렇게 끊어낸 것이 '이것임'이다. 그렇다면 이렇게 끊어내는 힘은 어디서 오는가. 그 환경, 혹은 배치에 개입하는 모든 것들의 정동으로부터다. 개체화를 이끌어가는 것은 어떤 초월자, 형상, 주형, 코드 등이 아니라 환경전체가 갖는 정동이다.

개체화의 원리로 이것임을 내세우고, 이를 종차와의 유

비를 통하여 간접적으로나마 해명하고자 하였다. 들뢰즈는 이 지점으로부터 시몽동의 현대생물학과 더불어 개체화의 문제를 현대적으로 발전시키고 극복해 나간다. 그는 질료와 형상이라는 틀을 벗어나 양태, 강도와 정도 등의 개념을 통하여 '이것임'이 결국 사건적으로 이해되어야 함을 밝힌다. 이로부터 들뢰즈는 개체의 문제라는 것은 결국 내가 겪는 구체적인 사건들 하나하나이며, 이것이 모든 사유와 실천을 시작하도록 하는 가장 중요한 지점이다.

봄밤에 거리를 들여다보듯이 걷고 걷는다는 것은 나름 소확행이다. 이사 온 지 몇 년이 되었는데도 동네지리가 어둡다. 야트막한 가게도 지나고 단팥죽 파는 카페도 지난다.

기형도 시인은 참 가난하게 살았다. 그의 가난은 아버지의 죽음에서 오는 가정형편의 어려움 때문이기도 하다. 아래 詩는 기형도의 「위험한 가계」이다. 이 시를 읽어보면 그의 가족들의 모습과 아버지에 얽힌 이야기를 알 수 있다.

1
그 해 늦봄 아버지는 유리병 속에서 알약이 쏟아지듯 힘없이 쓰러지셨다. 여름 내내 그는 죽만 먹었다. 올해엔 김장을 조금 덜 해도 되겠구나. 어머니는 남폿불 아래에서 수건을 쓰시면서 말했다. 이젠 그 얘긴 그만하세요 어머니. 쌓아 둔 이불에 등을 기댄 채 큰누이가 소리 질렀다. 그런데 올해에는 무릎마다 웬 바람이 이렇게 많이 들었을까. 나는 공책을 덮고 어머니를 바라보았다. 어머니, 잠바 하나 사주세요. 스펀지마다 숭숭 구멍이 났어요. 그래도 올 겨울은 넘길 수 있을 게다. 봄이 오면 아버지도 나으실 거구. 풍병風病에 좋다는 약은 다 써보았잖아요. 마늘을 까던 작은누이가 눈을 비비며 중얼거렸지만 어머니는 잠자코 이마 위로 흘러내리는 수건을 가만히 고쳐매셨다.

2

아버지, 그건 우리 닭도 아닌데 왜 그렇게 정성껏 돌보세요. 나는 사료를 한줌 집어 던지면서 가지를 먹어 시퍼래진 입술로 투정을 부렸다. 농장의 목책을 훌쩍 뛰어 넘으며 아버지는 말했다. 네게 모이를 주기 위해서야. 양계장 너머 뜬, 달걀 노른자처럼 노랗게 곪은 달이 아버지의 길게 늘어진 그림자를 이리저리 흔들 때마다 나는 아버지의 팔목에 매달려 휘휘 휘파람을 날렸다. 내일은 펌프 가에 꽃모종을 하자. 무슨 꽃을 보고 싶으냐. 꽃들은 금방 죽어요 아버지. 너도 올 봄엔 벌써 열 살이다. 어머니가 양푼 가득 칼국수를 퍼 담으시며 말했다. 알아요 나도 이젠 병아리가 아니에요. 어머니. 그런데 웬 칼국수에 이렇게 많이 고춧가루를 치셨을까.

3

방죽에서 나는 한참을 기다렸다. 가을밤의 어둠 속에서 큰누이는 냉이꽃처럼 가늘게 휘청거리며 걸어왔다. 이번 달은 공장에서 야근 수당까지 받았어. 초록색 추리닝 윗도리를 하나 사고 싶은데. 요새 친구들이 많이 입고 출근해. 나는 오징어가 먹고 싶어. 그건 오래 씹을 수 있고 맛도 좋으니까. 집으로 가는 길은 너무 멀었다. 누이의 도시락 가방 속에서 스푼이 자꾸만 음악 소리를 냈다. 추리닝이 문제겠니. 내년 봄엔 너도 야간고등학교 라도 가야 한다. 어머니. 콩나물에 물은 주셨어요? 콩나물보다 너희들이나 빨리 자라야지. 엎드려서 공부하다가 코를 풀면 언제나 검댕이 묻어나왔다. 심지를 좀 잘라내. 타버린 심지는 그을음만 나니까. 작은누이가 중얼거렸다. 아버지 좀 보세요. 어떤 약도 듣지 않았잖아요. 아프시기 전에도 아무것도 해논 일이 없구. 어머니가 누이의 뺨을 쳤다. 약값을 줄일 순 없다. 누이가 깎던 감자가 툭 떨어졌다. 실패하시고 나서 아버지는 3년 동안 낚시질만 하셨어요. 그래도 아버지는 너희들을 건졌어. 이웃 농장에 가서 닭도 키우셨다. 땅도 한 떼기 장만하셨댔었다. 작은누이가 마침내 울음을 터뜨렸다. 죽은 맨드라미처럼 빨간 내복이 스웨터 밖으로 나와 있었다. 그러나 그때 아버지는 채소 씨앗 대신 알약을 뿌리고 계셨던 거예요.

4

지나간 날들을 생각해 보면 무엇하겠느냐. 묵은 밭에서 작년에 캐다 만 감자 몇 알 줍는 격이지. 그것도 대개는 썩어 있단다. 아버지는 삽질을 멈추고 채마 밭 속에 발목을 묻은 채 짧은 담배를 태셨다. 올해는 무얼 심으시겠어요? 뿌리가 질기고 열매를 먹을 수 있는 것이면 무엇이든지 심을 작정이다. 하늘에는 벌써 튀밥 같은 별들이 떴다. 어머니가 그만 씻으시래요. 다음날 무엇을 보여주려고 나팔꽃들은 저렇게 오므라들어 잠을 잘까. 아버지는 흙속에서 천천히 걸어 나오셨다. 봐라. 나는 이렇게 쉽게 뽑혀

지는구나. 그러나, 아버지. 더 좋은 땅에 당신을 옮겨 심으시려고.

5

 선생님. 가정방문은 가지 마세요. 저희 집은 너무 멀어요. 그래도 너는 반장인데. 집에는 아무도 없고요. 아버지 혼자, 낮에는요. 방과 후 긴 방죽을 따라 걸어오면서 나는 몇 번이나 책가방 속의 월말고사 상장을 생각했다. 둑방에는 패랭이꽃이 무수히 피어 있었다. 모두 다 꽃씨들을 갖고 있다니. 작은 씨앗들이 어떻게 큰 꽃이 될까. 나는 풀밭에 꽂혀서 잠을 잤다. 그날 밤 늦게 작은누이가 돌아왔다. 아버진 좀 어떠시니? 누이의 몸에서 석유 냄새가 났다. 글쎄, 자전거도 타지 않구 책가방을 든 채 백 장을 돌리겠다는 말이냐? 창문을 열자 어둠 속에서 바람에 불려 몇 그루 미루나무가 거대한 빵처럼 부풀어 오르는 게 보였다. 그리고 나는 그날, 상장을 접어 개천에 종이배로 띄운 일을 누구에게도 말하지 않았다.

6

 그 해 겨울은 눈이 많이 내렸다. 아버지, 여전히 말씀도 못 하시고 굳은 혀. 어느만큼 눈이 녹아야 흐르실는지. 털실뭉치를 감으며 어머니가 말했다. 봄이 오면 아버지도 나으신다. 언제가 봄이에요. 우리가 모두 낫는 날이 봄이에요? 그러나 썰매를 타다 보면 빙판 밑으로는 푸른 물이 흐르는 게 보였다. 얼음장 위에서도 종이가 다 탈 때까지 네모반듯한 불들은 꺼지지 않았다. 아주 추운 밤이면 나는 이불 속에서 해바라기 씨앗처럼 동그랗게 잠을 잤다. 어머니 아주 큰 꽃을 보여드릴까요? 열매를 위해서 이파리 몇제일 긴 밤 뒤에 비로소 찾아오는 우리들의 환한 가계(家系)를 봐요. 용수철처럼 튀어 오르는 저 동지(冬至)의 불빛 불빛 불빛. 개쯤은 스스로 부숴뜨리는 법을 배웠어요. 아버지의 꽃모종을요. 보세요 어머니.

—「위험한 가계」(1969), 전문

큰누나가 추리닝 사고 싶어하고 화자는 오징어를 징겅 징겅 씹고 싶어하고 작은 누나는 아버지는 약을 써도 낫지도 않는다는 불평을 이야기 한다. 언제가 봄이에요. 우리 모두가 낫는 날이 봄이에요? 이 가계는 동지의 얼어붙은 겨울이다. 아버지가 낫고 가족 모두가 낫는 날이 봄이다. 그 전에 아버지가 쓰러진 계절도 늦봄이었다. 그런 소망이 들어가 있지만 아버지가 죽은 해는 1969년이다.

기형도 시인에게도 화자의 불안한 심리가 과장과 왜곡으로 드러나 있다. 아버지가 병으로 누워있다는 데서 오는 불안을 스펀지의 구멍, 무에 든 바람, 타 버린 심지에 대응시킨다. 시에서 화자는 아버지의 병이 언제 나을지 어머니에게 묻고 어머니는 '봄이 오면 아버지도 나으신다'고 말한다. 봄날은 화자에게 '이것임'의 날이다. '언제가 봄이에요. 우리가 모두 낫는 날이 봄이에요?'라는 화자의 질문에서 알 수 있다. 아버지에 국한되지 않고 가족 모두가 현실적 힘듦에서 벗어나는 순간이 봄이다.

들뢰즈는 '이것임' 단어를 특별한 의미로 사용한다. 들뢰즈는 '이것임'을 더 이상 대상이나 인격에 관련하지 않고 오히려 사건(바람 한 자락, 강물 한 줄기, 한 낮 혹은 심지어 대낮의 한 시간)에 관련한 의미로 말이다. '이것임'은 특이한 사건으로 사건의 개별성을 만들어 내는 것이다. 이것임은 개별화된 집합 속에서 나타나는 모든 배치이다.

그런데 들뢰즈의 '이것임'에는 부정적, 긍정적 사건을 모두 의미하는가? 그런 문제에 대해서는 특별한 언급이 없다. 아버지의 죽음으로 맞이하는 심리적 불안 우울을 가지는 그의 정신세계, 세계를 보는 인식적 차이를 알게 되는 그 시점이 '이것임'이다.

나는 이 밤에 길을 걸으면서 누구나 가질 수 있는 막연한 불안과 우울을 느낀다. 누구에게나 '이것임'이 있다. 기형도 시인의 '이것임'은 아버지의 죽음, 누나의 죽음, 삼촌의 죽음이었을 것으로 짐작이 된다. 즉 각각의 이것임이 몇 차례 있었는데 그것이 죽음이라는 것과 관련을 가진다.

나는 항상 봄밤이 '이것임'이었다. 작년의 봄밤은 사라지고 현재의 봄밤이 가장 최고의 사건이다. '이것'은 개별화의 한 양태이다. 개별성들이 초월의 평면에 관련되는 않는다. 다수성들의 논리를 통해 가능한 일관성의 평면 혹은 내재성의 평면에서 포착된다는 조건 하에 완전한 개별성들에 관련된다. 나에게는 '이것임'에 해당하는 것이 자식의 건강이 나빠진 그날이었던 것 같다. 그날부터 내가 했던 모든 것들로부터 멀어지는 방법을 선택했다. 학교도 그만두고 사람을 만나지 않았다. 오로지 딸과 같이 지내는 것만으로 내 생활의 초점을 맞추었다. 사실 딸의 건강이 나빠지기도 했지만 내 몸도 돌보지 못했던 우를 범하기도 했다. 그땐 나도 몸과 마음이 피폐해질 대로 피폐해졌다. 딸의 건강을 기점으로 내 건강도 적극적으로 챙기기 시작하면서 딸도 조금씩 좋아지고 나도 처음보단 한결 나아졌다. 봄밤이 가지는 '이것임'이 나를 살게 한 것이다.

이 봄밤에 살아있으니 감사한 밤이다. 기형도 시인의 봄밤은 어떠하였을까? 기자임에도 소극적일 수밖에 없었던 자기 자신의 처지가 힘들지 않았을까. 그에게는 무거운 봄밤이었을까. 봄밤이 더 으쓱해가고 목련은 이울다 못해 떨어져 눕는다.

김미경

교실 안의 들뢰즈

4월 중순부터 초등학교 기초학력지원교사가 되었다. 월요일부터 금요일까지 매일 아이들과 마주하며 4~6학년 사칙연산과 기본적인 수학을 가르치고 있다. 코로나19로 3년 동안 벌어진 반 아이들의 학력 차는 담임교사 한 명으로는 도저히 감당할 수 없는 지경에 이른 것이다. 5, 6학년인데 구구단을 못 외우고 맞춤법도 틀리는 아이들을 보며 적잖이 충격을 받았다. 그들 중에는 다문화가정과 한부모가정, 조손가정 등의 아이들이 많았다. 경제적인 어려움 속에서 무관심과 방치가 이렇게 만들어버린 것 같아 마음이 아팠다.

담임선생님이 먼저 기본적인 설명을 한다. 반의 모든 아이들이 이해할 수 있도록 기초부터 하나하나 천천히 설명한다. 선행을 한 아이들에게는 너무 쉬운 내용이어서 수업에 흥미를 못 느낄 수도 있다. 문제를 빨리 풀고 책상에 고개 숙이고 있는 아이들도 있긴 하다. 그 쉬운 설명도 이해하지 못하는 아이들은 멍하게 있거나 딴짓을 하거나 친구들에게 장난을 친다. 수업 분위기를 망친다고 생각하는 아이들이 눈치를 주지만 개의치 않는 모습이다. 그렇게 선생님의 설명이 끝나고 교과서 문제 풀이를 한 뒤 익힘책을 푼다. 교실의 익숙한 풍경이다.

 나는 뒤쪽에 있다가 어려워하는 아이들에게 다가가 "선생님이 조금 도와줘도 될까?"라고 물어본다. 좋다는 허락을 해야 도움을 줄 수 있다. 아이들과 같이 문제를 읽고 풀면서 내가 한 쉬운 질문에 대답하면 잘했다고 폭풍 칭찬을 해준다. 그동안 칭찬을 거의 듣지 못한 아이들은 처음에는 내 말에 어리둥절한 표정으로 어색하게 웃는다. 이와 같은 일이 반복되면 아이들도 내 말을 믿기 시작한다. 자신감도 붙는다. 담임선생님의 질문에 손을 번쩍 들기도 한다. 갑자기 뭉클해진다. 담임선생님이 깜짝 놀라는 동작을 하며 그 아이를 우선적으로 지명한다. 그 아이는 걸어 나가 칠판에 문제 풀이를 한다. 잘했다는 담임선생님의 칭찬을 듣는다. 문제를 풀고 자신의 자리로 돌아오는 아이들은 자신감에 차 있다. 아이들은 어른과 달라서 자신의 마음을 숨기지 못한다. 얼굴에 그대로 나타난다. 초등학생에게 가장 중요한 것은 자신감이다. 내가 이 일을 하기로 마음먹은 이래 보람을 느끼는 순간이다. 이런 작은 성취감들이 모여 아이들은 점점 커나갈 것이라는 기대감.

들뢰즈의 매끈한 공간과 홈이 패인 공간, 유목적 공간과 정주적 공간, 전쟁 기계가 전개되는 공간과 국가 장치에 의해 설정되는 공간[1]이 교실 안에서 혼재한다는 생각이 든다. 서로 다른 개성과 창의성을 가진 아이들 한명 한명은 매끈한 공간이다. 아이들을 이끄는 담임선생님은 물론 홈이 패인 공간을 담당한다. 홈 패인 공간에서는 모든 것이 기존 규칙에 따라 조직된다. 반면 매끈한 공간에서는 가장 조직화된 것조차도 가능성을 향해 진행할 수 있다. 아이들은 형식화되고 지각화된 것이 아니라 사건이나 '이것임'에 의해 점유되어야 한다.

홈이 패인 것이란 고정된 것과 가변적인 것을 교차시켜 서로

---

[1] 들뢰즈/가타리, 김재인 옮김, 『천 개의 고원』, 새물결, 2003, 907쪽.

구별되는 형식들에 질서를 부여하고 연속적으로 이어지게 하는 것, 수평적 선율의 선들과 수직적 화음의 판들을 조직하는 것이다. 매끈한 것이란 연속적 변주, 형식의 연속적 전개, 리듬에 본래적인 독자적 가치를 이끌어내기 위한 화음과 선율의 융합, 수직선과 수평선을 가로지르는 사선의 순수한 줄을 가리킨다.2)

   매일매일 교실에서는 많은 사건들이 일어난다. 교실 안에서는 두 가지 운동이 계속 일어나고 있다. 한쪽에서는 매끈한 것에 홈을 파는 운동이 있고, 다른 한쪽에서는 홈이 파인 것에 다시 매끈함을 부여하는 운동이 있다.3) 담임선생님의 교육과 훈육은 아이들이 이 세상을 살아가는 데 기본적으로 필요한 지식과 태도를 가르친다. 담임선생님은 기존 방식의 교육을 한다. 지원교사인 나는 도움이 필요한 아이들을 찾아내고 다가가 전사가 된다. 전쟁 기계가 되는 것이다. 전쟁 기계는 단 하나의 목표만을, 즉 전쟁 자체만을 유일한 목표로 한다. 전쟁 기계는 기존 시스템에 포섭되지 않고 홈이 패인 공간을 밀어내고 매끄러운 공간으로 만드는 '어떤 것'4)이다. 우리는 매끈한 공간인 아이들에게 서로 다른 방식으로 홈을 파는 작업을 하는

---

2) 들뢰즈/가타리, 913쪽.
3) 들뢰즈/가타리, 917쪽.
4) 들뢰즈/가타리, 799쪽 참소.

것이다. 기존의 위계질서 안에서 적응하지 못하고, 단순히 수학 점수에서 뒤쳐졌던 아이들에게 나는 전사가 되어, 개개의 아이들을 위해 안성맞춤인 굴을 판다. 아이들은 가르침을 그대로 받아들이기도 하고, 일부 받아들이고 일부는 무시하기도 하고, 자신들이 원하는 대로 행동하기도 한다. 처음으로 시도된 이런 교육 방식은 아이들을 홈 패인 공간에서 매끈한 공간으로 걸어 나오게 하는 방식이 아닐까.

매끈한 공간으로 건너오는 경험을 한 아이들은 이제 예전의 아이들이 아니다. 기존의 수업 방식 속에서 일대일 수업은 아이들에게 '이것임'이 되어 삶의 질서를 바꾼다. 홈 패인 공간에는 수많은 배치들이 놓여 있다. 그 배치 순서를 바꾸는 것만으로도 많은 변화가 일어난다. 현실에 안주하면 변화는 일어나지 않고 당연히 성장도 없다. 수업 시간에 아이들을 지켜보고 있으면 매끈한 것과 홈이 패인 것의 단순한 대립처럼 보이기도 한다. 그러나 이 두 공간은 대립하지 않고 사실상 서로 혼재된 채로만 존재한다. "매끈한 것은 홈이 패인 것보다 항상 더 높은 탈영토화의 역량을 갖고 있다."[5]

---

5) 들뢰즈/가타리, 917쪽.

들뢰즈는 모든 진전은 홈이 패인 공간에 의해, 그리고 이 공간 안에서 이루어지지만 모든 생성은 매끈한 공간에서 일어난다고 했다. 들뢰즈의 탈영토적 개념인 '매끈한 공간'은 기존의 보편적인 방식에 의존하지 않는 새로운 방향을 제시하는 것으로 변화하는 시공간에 대한 혁신적 가능태를 의미한다. 생성의 공간은 이미 존재하는 것이 아니라, 변화를 거듭하며 유연하다.

> 매끈한 공간이 홈이 파지는 방법뿐만 아니라 홈이 패인 공간이 다시 매끈한 공간이 되는 방법도 물론 매번 가치, 범위, 기호가 달라지게 된다. 아마 모든 진전(progrès)은 홈이 패인 공간에 의해 그리고 이 공간 안에서 이루어지지만 모든 생성은 매끈한 공간 속에서 일어난다고 말해야 할 것이다.[6]

생성의 공간은 불변하는 패쇄적인 홈 패인 공간과 유동하고 이동하며 변화를 거듭하는 매끈한 공간이라는 두 양상으로 나타난다. 선생님들의 교육은 아이들이 성장하는 데 필수적이다. 그래서 인간의 역사 수천 년 동안 계속 이어져 온 것이다. 우리의 교육은 지금까지 거의 같은 방식을 고수했다. 많은 아이들을 소수의 교사가 일방적으로

---

6) 들뢰즈/가타리, 928쪽.

가르치는 간편하고 효율적인 방법. 옛날과 엄청나게 달라진 지금은 기존의 방식을 벗어나 다양한 방식을 찾아야 할 때다.

홈이 패인 공간에서 매끈한 공간을 만드는 것. 홈이 패인 공간을 끊임없이 탈주하는 것. 비록 홈 패인 공간에서 매끈한 공간으로 탈주한 아이들이 시간이 지나 재영토화 되더라도 다시 탈주하고 매끈한 공간으로 나아가야 한다. 홈이 패인 공간에서 생성은 없다. 홈 패인 공간에서는 창조적이고 혁명적인 삶을 창조할 수 없다. 아이들은 무한한 가능성을 가지고 있다. 홈이 패인 공간에서 국가가 만든 질서에 점유되어 버리면 더 이상 성장은 없다. 성장이 있더라도 재영토화될 뿐이다. 학교는 하나의 포획 장치다. 그동안 학교는 스스로의 홈이 패인 공간 속에서 전쟁 기계로부터 철저하게 보호받고 있었기 때문에 학교의 특성들을 확실하게 보유하고 있었다. 내가 하는 일은 이런 학교라는 영토에 조금의 다른 길을 여는 방식이라고 믿는다. 울퉁불퉁한. 처음엔 홈이 패인 공간에서 시작했을지라도.

들뢰즈를 만나다

 현대 철학에서 가장 중요하고 독창적이며 인기있는 철학자는 푸코, 데리다 등과 함께 니체 철학의 계승자이면서 비판철학자이고 포스트모던의 상징과도 같은 들뢰즈일 것이다. 『천 개의 고원』을 읽으며 두 천재인 질 들뢰즈와 펠릭스 가타리의 폭넓고 해박한 지식에 끊임없이 놀랐다. 이 책이 다루고 있는 모든 것들, 문학, 철학, 미학, 지구과학, 음악, 미술, 영화, 역사에 이르기까지 광범위하고 박학한 지식은 책을 다 읽고 난 지금까지도 감탄스럽다.

 들뢰즈와의 만남은 우연히 이루어졌다. 3년 전 어느 날, 친구가 『천 개의 고원』을 선물했다. 자신이 읽으려고 샀다가 포기했다며 내게 읽어보기를 권했다. 지금 생각해 보니 그 친구는 나를 싫어했음이 분명하다. 골칫덩어리를 나에게 투스한 것이다. 1,000페이지에 이르는 한 손으로 들기도 어려운 묵직한 책을 받아서 목차만 읽어보고 그대로 책상에 꽂아두었다. 들뢰즈, 가타리가 누군지도 모르는 상태로. 그 후로 1년쯤 시간이 흐르고, 운명처럼 백년어서원에서 2021년 3월부터 15개월에 걸친 '『천 개의 고원』 천천히 읽기' 독서 모임 회원들을 모집했다. 우리의 삶을 더 풍요롭고 흥미롭게 가꾸어 나가며, 철학, 과학, 예술의 역사를 흥미진진하게 만날 수 있다는 문구에 확 꽂혔다. 집에 책도 있어서 편하게 신청했다. 나의 본격적인 철학 공부의 시작이었다. 물론 그동안 니체나 스피노자 등 철학자들의 강의를 서너 번 들은 적은 있었지만 이렇게 본격적으로 완독에 도전하는 것은 처음이었다.

열 명의 글동무들이 모였다. 한 달에 한 번, 정해진 분량의 책을 읽은 후 백년어서원에 모여 강독하면서 두 시간 동안 이해가 안 되는 부분을 이수경 선생님께 질문하고, 서로의 느낌과 생각을 이야기하는 시간이었다. 처음 제1편 서론을 읽기 시작했을 때, '이게 도대체 무슨 말일까?' 옛 사람들이 말하던 하얀 건 종이요 검은 건 글씨라는 말을 체험하는 순간이었다. 알 수 없다는 생각밖에 안 들었다. '저자들의 불친절함과 책의 난해함에 혀를 내두르게 될 것이다!'라고 역자서문에 친절하게 경고한 말은 사실이었다. 내가 책에서 읽는 단어들은 그냥 단순한 단어일 뿐, 그 의미가 무엇인지 도통 알 수 없었다. 서론조차 이렇게 어려운 책은 처음이었고 서너 번을 다시 읽어도 이해가 안 되는 건 마찬가지였다. 미적분을 풀면서도 이렇게 어렵지 않았는데 태어나서 처음 느껴 보는 정말 난해하고 어려운 느낌. 책을 계속 읽고 싶은 의욕이 꺾이면서 좌절했던 순간으로 기억한다.

『천 개의 고원』과의 만남은 지금 와서 생각해보니 이건 나에게 사건이고 '이것임'이 분명하다. 소설이나 에세이, 시집 등을 주로 읽던 나에게 불편하고 낯선 이 한 권의 책은 그동안의 나를 되돌아보게 하기에 충분했다. 그동안 나는 내가 잘하는 것, 나에게 쉬운 것들에 집중하고 선택하며 잘 살고 있다고 생각하며 살았다. 익숙한 것을 낯설게 보기, 현미경으로 보기, 잠자리 눈으로 보기 등등 글쓰기를 하며 배운 것은 단지 지식에 머물러 있었다. 나에게 딱히 다가오지 않았고 나에게 편하고 익숙한 것들만 하며 살았다. 『천 개의 고원』은 나의 생각에 아주 미세한 틈을 만들었고, 책을 읽고 글동무들과 토론하고 서로의 의견을 나누며 집단지성의 힘을 오롯이 느낀 지난 1년 반 동안 그 틈은 점점 벌어지고 확실해졌다. 이전과는 확실히 다른 내가 된 것이다.

인칭, 주체, 사물 또는 실체의 양태와는 전혀 상이한 개체화의 양태가 있다. 우리는 그것에 〈이것임〉이라는 이름을 마련해 놓았다. 어느 계절, 어느 겨울, 어느 여름, 어느 시각, 어느 날짜 등은 사물이나 주체가 갖는 개체성과는 다르지만 나름대로 완전한, 무엇 하나 결핍된 것 없는 개체성을 갖고 있다. 이것들이 〈이것임〉들이다. 여기에서 모든 것은 분자들이나 입자들 간의 운동과 정지의 관계이며, 모든 것은 변용시키고 변용되는 권력이라는 의미에서 말이다.[1]

들뢰즈는 니체, 스피노자 등의 철학을 독창적으로 재해석하고 새로운 개념들을 주조해냈다. 리좀, 기관 없는 신체, 되기(생성), 분자적인 것, 이것임, 포획 장치, 다양체, 매끈한 공간 등등. 『천 개의 고원』을 읽으며 들뢰즈 철학의 개념어들도 어렴풋이 알게 되었다. 영화비평이나 서평 등을 읽을 때 자주 나오는 이런 용어들을 이제는 어느 정도 이해할 수 있다. 아는 만큼 보이고 느낀다. 사람은 자

---

[1] 들뢰즈/가타리, 김재인 옮김, 『천 개의 고원』, 새물결, 2003, 494쪽.

기 체험만큼만 읽을 수 있다는 니체의 말은 진실이었다.

그 이후 하이데거의 『존재와 시간』, 켄 윌버의 『통합심리학』, 줄리아 크리스테바의 『시적 언어의 혁명』 등의 지극히 어렵고 난해한 책들을 꾸역꾸역 읽으며 나의 사유는 한층 깊어졌다. 물론 모든 책을 이해하며 읽은 것은 아니고, 지금도 다 아는 것도 아니지만 조금씩 나의 생각에 틈을 만들고 내 생각 여기저기에 굴을 판다. 나 자신이 스스로에게 굴을 파고 있다. 언어는 대표적 포획 장치이다. 언어 속에 갇혀 살고 있는 우리들에게 언어를 이해한다는 것은 매우 중요하다. 우리의 생각도 언어 속에서만 표현할 수 있다. 포획장치인 언어에서 언어를 해방시키기 위해 굴을 파야 한다.

들뢰즈는 말년에 폐암으로 고통 받았다. 1995년 70살에 자신의 아파트에서 스스로 호흡기를 떼고 투신자살했다. 죽음마저도 드라마틱하다. 호흡기를 사용해야 할 정도로 위중한 상태의 노철학자는 과연 무슨 생각을 했을까? 무기력하게 자신의 죽음을 기다리지 않고 적극적으로 자신의 삶을 마무리했다. 세기의 철학자다운 마지막 선택이라고 생각한다.

들뢰즈를 만나는 동안 너무 힘들고 고단했지만 한편으로 행복했다. 조금씩 이해하게 됐을 때는 벅찬 희열이 있었다. 그때의 느낌을 이렇게 상투적으로 밖에 표현하지 못하는 나 스스로가 안타깝지만 어쩔 수 없다. 책을 읽고 이렇게 글을 쓰고 있는 지금도 역시 고통스럽다. 『천 개의 고원』은 나에게 유의미한 하나의 사건, '이것임'이었고 그것은 리좀이 되어 계속 뻗어나갈 것이라고 믿는다. 『천 개의 고원』을 내게 떠넘겨 준 친구에게 진심으로 고맙다는 말을 하고 싶다. 또 끝까지 포기하지 않도록 힘을 북돋아 주고 이끌어주신 선생님과 글동무들에게 다시 한 번 진심으로 감사하다는 말을 전하고 싶다.

> 당신이 〈이것임〉의 존재를 인정하게 되면, 당신은 자신이 〈이것임〉이고 그 이외의 어떤 것도 아니라는 것을 알아채게 될 것이다.[2]

---

2) 들뢰즈/가타리, 497쪽.

이수경

보르헤스의 모든 것-되기

 셰익스피어가 목적지인 헤르만 세르겔, 석좌교수인 '나'는 어느 날 셰익스피어 학회에서 만난 다니엘 토프라는 사람으로부터 셰익스피어의 기억을 넘겨받게 된다. 셰익스피어의 아주 오래된 어린 시절의 것부터 1616년 4월 초의 것까지. 다니엘 토프 또한 두 발의 라이플 총탄을 맞은 아담 클레이라고 하는 죽기 직전의 한 병사에게서 넘겨받은 것인데, 병사가 죽어가면서 큰 소리로 셰익스피어의 기억을 토해내는 바람에 어쩔 수 없이 선물로 받게 된다. 헤르만 세르겔은 약간의 피로감을 느끼며 기억을 넘겨받게 되지만 그 기억은 저절로 재생되는 것이 아니라 받은 사람이 발견해야 하며 기억을 준 사람이 잊어버리는 만큼 점진적으로 나타난다.

"기억은 이미 당신의 의식 속에 들어갔지만 당신은 그것을 스스로 발견해야 하오. 그것은 꿈속에서, 깨어 있을 때, 어떤 책의 책장을 들출 때, 모퉁이를 돌 때 나타날 것이오. 너무 조바심을 내서도, 기억들을 억지로 만들어내서도 안 됩니다. 우연이 자신의 신비로운 방식에 따라 그것을 드러내 보일 수도, 지연시킬 수도 있습니다. 내가 잊어버리는 만큼 당신은 기억하게 될 겁니다. 나로서는 그 기한을 전혀 장담할 수가 없소."[1)

거역할 수 없는 토프의 선물을 받은 그는 기억이 나타나기를 기다리게 된다. "사랑 안에서도, 우정 안에서도, 심지어 증오 안에서도, 그 누구도 그 누구에 대해 그렇게 될 수 없었던 것처럼 셰익스피어는 나의 것이 되리라. 어떤 방식이 되었든 간에 나는 셰익스피어가 되리라."[2) 헤르만 세르겔은 셰익스피어에게 사랑을 가르쳐주었던 부인 앤을 기억할 것이며, 비극도 정묘한 소네트도 쓰지 않을 것이며, 방대한 시구들을 기억하게 될 것을 기대하지만 그가 애를 쓰면 쓸수록 실패하고 만다. 기억은 시각적이기보다는 청각적인 모습으로 그에게 찾아온다. 『켄터베리 이야기』의 저자 초서의 어법에 속하는 몇 가지 단어를 면

---

1) 보르헤스, 황병하 옮김, 『셰익스피어의 기억』, 민음사, 2018, 185쪽.
2) 보르헤스, 186쪽

도를 하다가 토해내게 되고, 대영박물관을 나오다가 자신이 들어보지 못했던 멜로디를 휘파람으로 불게 된다. 그로부터 그는 초서, 고어, 스펜서, 몽테뉴 같은 작가들, 셰익스피어가 즐겨 읽었던 책들을 다시 읽게 되고 셰익스피어가 그에게 스며들게 된다.

> 낯선 얼굴들과 방들이 나의 밤 속에 스며들어 왔다. 내가 정체를 알아본 첫 얼굴은 채프만의 얼굴이었다. 그 다음은 벤 존슨의 얼굴, 그리고 전기에 나와 있지 않으나 셰익스피어가 자주 보았을 존슨의 이웃에 사는 어떤 사람의 얼굴이었다.[3]

헤르만 세르겔은 점점 더 셰익스피어가 되어 가고 셰익스피어의 작품들은 그를 위해 새롭게 변화된다. 셰익스피어가 된 충만함도 크게 된다. 그러나 그의 기쁨은 기억이 스며들수록 억압과 공포로 변하게 된다. "셰익스피어의 거대한 강은 나의 평범한 물길을 위협하고, 급기야는 거의 그 안에 휩쓸려 들어가 버리도록 만들기에 이르렀다."[4]

그는 점점 자신의 모국어를 잊어가고 일상적인 것들이

---

3) 보르헤스, 188-189쪽.
4) 보르헤스, 192쪽.

위협받게 된다. 두 기억은 서로 뒤섞이면서 그를 기진맥진하게 만들고 서로 교통할 수 없게 만든다. 그는 헤르만 세르겔로 되돌아가고 싶어 아무 데나 전화를 돌린다. 그리고 마침내 한 남자에게 기억을 넘겨주게 된다. 그러나 기억을 넘겨주는 것 또한 넘겨받는 것만큼 쉽지 않다. 기억을 깨우기 위해 시험의 과정들이 필요했듯이 기억을 지우기 위한 또 다른 시험의 과정들이 필요했다. 그는 기억을 가지고 있는 채로 꿈을 꾸게 되고 가끔 자신이 아닌 또 다른 타인을 만나며 살아가게 된다.

보르헤스가 쓴 소설 「셰익스피어의 기억」의 이야기이다. 카프카의 소설 「변신」의 그레고르가 시각적인 형태로 갑충-되기가 되었다면 헤르만 세르겔은 청각적인 형태로 셰익스피어-되기가 된다. 그레고르는 갑충이 된 후 그동안 자신이 해 오던 일상의 것들을 할 수 없었다. 갑충이 된 후 인간의 목소리를 상실했다. 일상적으로 쓰던 언어를 상실한 결과 그레고르는 가족들과 소통할 수 없게 되고 죽어가게 된다. 헤르만 세르겔도 셰익스피어가 되고 모국어를 잊어버리게 되는 공포를 경험하게 된다. 무엇으로 될 때 그것은 둘이 존재할 수 없다. 배치를 통해 새로운 무엇이 되면 과거의 나는 죽어야 한다. 헤르만 세르겔에게 선물처럼 주어진 셰익스피어의 기억이 그가 죽어야 모든 기억을 지울 수 있듯이 무엇으로 된다는 것은 자신의 죽음의 주인이 되기도 해야 하는 것이다.

되기는 자기 나름의 고름을 갖고 있는 하나의 동사이다. 그것은 '…처럼 보이다', '…이다', '…와 마찬가지이다', '생산하다' 등으로 귀착되지 않으며 우리를 그리로 귀착시키지도 않는다.5) '되기'는 헤르만 세르겔이 셰익스피어처럼 보이거나 헤르만 세르겔이 셰익스피어와 마찬가지인 것은 아니다. '되기'는 오히려 자아를 고무하고 동요시키는 어떤 힘의 실행이다.

'되기'는 관계 속에서 다른 삶으로 이행할 수 있다는 점에서 탁월한 점이 있지만 자기 자신 외에는 아무 것도 생산하지 않는다. 무엇으로 된다는 것은 다른 무엇이 실재하지 않더라도 '실제적으로' 일어나는 변화이다. 되기의 주체인 나 자신에게 직접적으로 변화가 일어날 때 그 변화가 '되기'인 것이다.6) 셰익스피어는 지금은 실재하지 않지

---

5) 들뢰즈/가타리, 김재인 옮김, 『천 개의 고원』, 새물결, 2003, 454쪽.
6) 들뢰즈/가타리, 452쪽 참조.

만 헤르만 세르겔에게 변화가 일어나면서 셰익스피어-되기가 일어난 것이다. 지각과 감응의 복합물인 감각의 블록이 생성되면 변화가 일어나게 되고 주체는 그 무엇으로 된다. 그러나 다른 신체와 마주쳐서 합성을 통해 더 큰 완전성으로 이행하는 역량, 즉 감응작용들을 벗어나지 않고서는 '되기'가 불가능하다. 일상적이고 체험된 우리의 지각작용 속에 배어있는 불필요하고 잉여적인 것들을 버려야만 '되기'가 가능한 것이다.

헤르만 세르겔은 그것을 몰랐다. 단지 셰익스피어의 기억을 갖게 되면 그 충만함으로 셰익스피어의 작품을 새롭게 변화시키고 그의 사랑의 대상을 만나게 될 기쁨에 들떴다. 그러나 완전한 셰익스피어가 되어갈수록 기존의 '나'는 사라지게 된다. '되기'는 지각과 감응을 통해 자신의 고유한 의미를 획득한다는 말이다. 다른 신체와의 연관 속에서 특정한 문턱을 통과할 때에만 가능한 것이다. 헤르만 세르겔은 그것을 깨닫고 셰익스피어가 된 후 기억을 다른 이에게 주려고 한다.

"나는 내가 썼어야 했고, 그러나 내게 쓰는 게 금지되어 있던 어떤 책에 대한 아쉬움과, 그 식객, 즉 유령이 결코 나를 떠나지 않을 것 같은 두려움을 동시에 느꼈다."[7)]

헤르만 세르겔은 셰익스피어가 된 후 삶의 새로운 문턱 앞에 다가서게 되고 새로운 세계를 마주하게 되지만 그가 잃게 될 것들을 포기하지 못했다. 석좌교수로서의 삶은 그에게 안정되고 달콤한 세계를 선물했을 것이다. 그 세계를 버리지 못하면 새로운 삶은 주어지지 않는다. 석좌교수이면서 셰익스피어-되기는 불가능하다. 다른 이에게 기억을 넘겨주어 이제는 꿈을 꾸고 있는 자만이 셰익스피어인 그, 다시 헤르만 세르겔이 되기 위해서는 셰익스피어인 그가 완전히 죽어야 한다.

보르헤스는 그가 쓴 소설들로 '되기'를 실현하고 있다. 끊임없이 기존의 것들에서 배치를 바꾸어 새로운 작품을 만들어낸다. 창조는 생성에서 비롯된다. 무에서 유가 아니라 유에서 유를 창조하는 행위. 보르헤스는 셰익스피어가 되기도 하고, 세르반테스가 되기도 하고, 70세의 보르헤스가 되어 80세의 보르헤스를 만나기도 한다. 보르헤스의 소설에는 중심이 없다. 그러기에 생성이 가능하다. 다른 언어로 바꾸고 다른 구조로 변환하고 다른 서사로 배치

---

7) 보르헤스, 193쪽.

하면 다른 세계를 창조할 수 있다. 세계는 무한하고 영원하므로 의미는 무한하고 영원히 분산되어 있다는 보르헤스적 명제를 역자의 말처럼 우리는 이 짧은 단편소설에서 만날 수 있다.

> 우리는 계통적 생산이나 유전적 재생산과는 멀리 떨어져 있다. 이것들에서는 동일한 종 내에서의 성의 단순한 이원성과 여러 세대에 걸친 작은 변화들만이 차이로서 유지될 뿐이다. 이와 반대로 우리들의 입장에서는, 공생하고 있는 항들만큼이나 많은 성들이 있으며, 전염 과정에 개입하는 요소들만큼이나 많은 차이들이 존재한다. 우리는 수많은 것들이 남성과 여성 사이를 지나간다는 것을 알고 있다. 이것들은 바람을 타고 다른 세계에서 오며, 뿌리들 주변에서 리좀을 형성하고, 생산이 아닌 오직 생성의 견지에서만 자신을 이해하게 된다.[8]

보르헤스는 우리의 가장 깊은 곳에서 꿈틀거리고 있는 이 어두운 배치들을 생성의 언표들로 재생시켜 우리 앞에 펼쳐놓고 있다. 생성의 바람을 타고 이야기들로 우리 곁에 살아있다. 그래서 보르헤스는 가장 천재적인 생성의 작가가 아닐까. 겹쳐진 주름들을 활짝 다시 펴서 새로운 주름을 만들어 새로운 소설을 탄생시킨 위대한 작가.

---

8) 들뢰즈/가타리, 460쪽.

기관 없는 몸의 흡혈성

파편화된 몸들, 해체된 몸들이 공중에 둥둥 떠 있었다. 아슬아슬하게. 어떤 몸은 발만, 어떤 몸은 다리만, 어떤 몸은 가슴만, 어떤 몸은 머리만, 어떤 몸은 엉덩이만 바닥에 아무렇게나 놓인 몸…. 천장에 매달려 구멍이 숭숭 뚫리고, 가느다란 낚싯줄에 무거운 몸을 내맡긴 채 여기 저기 내동댕이쳐진 몸들, 허물을 벗은 뱀처럼 몸은 기관 하나 보이지 않는다. 위험하게 기관 하나 없이 몸을 열어젖히고 있는 몸들이 말을 하는 듯해 전시장을 들어서며 꽤 당황했다. 프란시스 베이컨이 정육점에 걸린 고기들을 본 느낌이 이러할까. 저기 걸린 저 몸들이 내가 아닌 것이 오히려 이상할 정도로 매달린 몸들은, 바닥에 널브러진 몸들은 그렇게 다가왔다.

미학을 전공하면서 많은 전시장을 가고 많은 작가들을

만났다. 그런데 갤러리 청사포에서 열린 로사 리(이은경 작가)의 〈말뭉치(Corpus)〉[1]의 전시는 여태껏 본 전시와는 달랐다. 이보다 더한 전시가 없었던 건 아니다. 팔리지도 않는 전시에 '몸'으로 말하고 '몸'을 드러내고 표현하고 있는 작가의 의도가 궁금했다.

    몸으로 산다는 것은 어떤 의미인가? 몸을 다스리는 방식이 달라진 그 기저에는 무엇이 작동하고 있는가? 등 온갖 생각들이 실타래에서 실이 풀려 나오는 듯 이어졌다. 터져 나오는 의문과 질문들을 잠시 뒤로하고 어느 날 조심스럽고 소심하게 구리 여인을 손에 두기 시작했다. 구체적인 계획 없이 몸의 감각에 맡긴 채 첫 코(사슬)를 시작으로 몇 날 며칠을 밤낮 없이 홀린 듯 손을 움직였다. 그러기를 반복하다보면 어느새 내 몸의 크기와 비슷한 여인이 구멍이 숭숭 뚫린 채 모습을 드러냈다. 하나를 완성하면 그 방법을 잊기 위해 꽤 오랜 시간을 두며 다음 작업을 시작했다. 하지만 언제나 비슷한 형태의 몸으로 나타났다. 그것은 내 몸이자 동시에 다른 여러 몸들이 겹쳐진 우리들의 몸이었다. 살아오면서 지극히 사적인 영역인 내 몸에 허용된 행동이나 존재양식에 제약을 가하는 힘들에 숨을 수도 도피할 수도 없었던 표식과도 같았다. 취하고, 버린 많은 것들이 새겨진 몸은 '나'라기보다는 문화가 새겨진 집적물이라는 생각을 떨쳐버릴 수가 없었다.
—작가노트, 부분

---

1) 로사 개인전, 〈말뭉치〉, 갤러리 청사포, 2022.11.5~11.19까지 열림.

몸을 버리고서야 존재할 수 있다고 말할 수 있을까. 몸을 벗어날 수 있을까. 몸을 벗어나려고 발버둥치면 칠수록 작가는 홀린 듯 또 다른 몸이 나타났다고 한다. 작가의 작품은 반복 속에서 차이를 드러낸 몸들이다. 같은 소재, 구리로 끊임없이 한 코씩 뜨다보니 손이 몸인 듯 손이 다리인 듯 한 여인이 자신 앞에 모습을 드러내고 있었다니 작가의 말대로 그 몸은 내 몸이자 동시에 우리들의 몸이다.

메를로 퐁티는 "'나'는 모든 나들의 교차점이다."라고 말했다. 무수한 타자들이 곧 나의 존재를 말하는 셈이다. 내가 다른 사람과 악수할 때 그와 나 사이에는 주체와 대상의 관계가 왔다갔다 하듯이 어느 것이든 순수한 자기 동일성은 있을 수 없고, 실질적으로는 항상 타자성 내지 차이성을 자신 속에 가질 수밖에 없는 것이다. 즉 나와 타인, 나와 세계 모두가 발생하는 존재론적 원천이 퐁티에게는 '살'(chair)이다. '살'은 너의 것도 나의 것도 아니다. 우리들의 '살'이다.

구리라는 소재가 만들어내는 몸은 구멍이 숭숭 나고 사이사이 듬성듬성 사슬로 이루어져 텅빈 몸이다. 기관이 없는 몸. 기관이 없는 몸은 무엇이든 될 수 있다는 점에서 알로 돌아간다. 코가 머리가 되고, 다리가 손이 되고, 자궁이 가슴이 될 수도 있는. 새 몸이 될 수 있는 가능성. 도곤족의 알 같은.

기관이 없는 몸은 기관이 없는 게 아니라 무수히 많은 기관을 만들 수 있는 신체를 말한다. 들뢰즈/가타리는 『천 개의 고원』 제 6고원에서 기관 없는 몸을 만들 수 있는 여러 가지 방법을 제시한다. 우선 그 방법을 따라가 보자. 우리는 기관 없는 몸을 만들어야 한다. 우리는 그것 위에서 잠들고 깨어나고 사랑하고 엄청난 '전략'을 인식할 수 있기 때문이다.

첫 번째, 바늘로 꿰매지고 유리처럼 되고 긴장증에 걸리고 빨려 들어간 몸체들이다. 마약 중독자, 편집증, 우울증, 마조히스트의 몸체들. 이들의 몸체들도 황홀경, 쾌활함, 춤으로 가득 차 있다. 그러나 이들은 아무 것도 생산하지 못한다. 무능력하다. 성급하고 폭력적이어서 텅 비어 있는 몸체들이다. 두 번째는 모든 기관들을 파괴하는 파시스트적인 몸체이다. 극우단체, 광신도집단 등의 암적인 몸체. 죽음 이외에는 다른 출구가 없는 무의 몸체, 순수한 자기-파괴로 즉각 바뀔 수도 있기 때문에 이 몸체는 위험하다. 세포는 시시각각 암으로 변해가면서 광기를 띠어가고 계속 증식하고 형태를 잃으면서 모든 것을 먹어치워 버린다. 충만한 기관 없는 몸이 되기 위해서는 그래서 신중해야만 한다.[2]

우리 안에 있는 파시스트의 암적인 기관 없는 몸이 되지 않고, 또 마약 중독자, 편집증 환자나 우울증 환자의 텅 빈 기관 없는 몸도 되지 않으면서 기관 없는 몸을 어떻게 만들어낼 수 있을까? 유기체에 전쟁을 선포한 아르토는 이 모든 것에 끊임없이 직면하면서 저주하고 이것들 사이를 떠돈다. 그리고 경고한다. 비록 아르토 본인은 성공하지 못했다 하더라도 아르토를 통해서 우리는 안다. 충만한 기관 없는 신체를 만들어낼 수 있는 방법은 바로 창조적이고 동시간적인 역행이다. Art. 그러면 마약 없이도 마약을 할 수 있고, 맑은 물로도 취할 수 있다.

충만한 기관 없는 몸은 오직 고른판을 뒤덮고 심지어 그려낼 수 있는 추상적인 기계를 통해서만, 욕망과 합체되어 실제로 욕망을 싣고 이러한 욕망들의 연속적인 연결접속들과 횡단적인 연계

---

[2] 들뢰즈/가타리, 김재인 옮김, 『천 개의 고원』, 새물결, 2003, 288-312쪽 참조.

들을 분명하게 해줄 수 있는 다양한 배치물들을 통해서만 비로소 이 판 위에서 획득될 수 있다.3)

'몸'을 테마로 한 작가의 작업은 올해 벌써 두 번째다. 〈몸 Vulnerable〉이라는 전시 제목으로 개인전을 가진지 5개월 만에 열린 전시이다. 〈말뭉치〉는 '몸'시리즈 Ⅱ인 셈이다. 작가는 몸을 억압하면서 왜 끊임없이 몸에서 탈출하려고 하는지 늘 질문 속에서 작업을 진행했다고 말한다. 몸을 벗어나고 싶지만 몸을 벗어날 수 없는 운명. 작가에게 몸은 리좀이고 망이며 빠져나갈 수 없는 거미줄이다. 몸의 흡혈성.

몸은 작가의 말대로 '나'라기 보다는 문화가 새겨진 집적물일지 모른다. 대타자 안에서 몸도 자유로울 수 없다. 각각의 기관은 특별한 감시 아래 놓여 있다. 그래서 작가는 구멍을 내버리고 기관을 없애버리고 머리조차 떼버린다. 몸을 끊임없이 생성해냄으로써 몸에서 탈주하는 방식. 카프카가 수많은 편지를 씀으로써 약혼녀 펠리체에게서 벗어났듯이.4)

---

3) 들뢰즈/가타리, 317쪽.
4) 카프카는 두 번이나 결혼하기로 약속한 약혼녀 펠리체에게 많은 글을 쓴다. 밀레나에게 쓴 편지와는 다른 방식이다 밀레나에게는 키

카프카에게 글쓰기가 리좀이고 굴이지 상아탑이 아니듯이 로사 리에게 예술은 탈주선이지 도피처가 아니고 상아탑도 아니다. 탈주선은 그 모든 것을 흡혈귀처럼 빨아들여 아직까지 알려지지 않은, 하지만 가까운 미래에 닥쳐올 그런 소리를 울리게 한다. 소위 팔리는 작품을 위해 몸을 던지는 작가도 있다. 어떻게 하면 잘 팔릴까, 어떻게 하면 대중이 알아줄까, 거기에만 매달려 잘 팔리는 작품을 위해 몸을 던지는 여럿 작가를 보아왔다. 작가 로사 리에게 잘 팔리지 않는 작품을, 아직까지 이런 작품을 위해

프카 자신이 말했던 것처럼 '죽음의 천사'가 있었다. 밀레나는 편지의 수령자이기보다는 공모자였던 것이다.

편지에 고유한 흡혈성이 있다. 카프카 안에는 드라큘라적인 것이, 편지에 의해 피를 빠는 드라큘라가 있으며, 편지들은 박쥐와 같다. 그는 밤거리를 배회하며, 낮에는 그의 사무실-관(棺) 안에 유폐된다. "밤이 아직 충분히 어둡지 않아…." 그가 키스를 그리워할 때, 그것은 누이의 드러난 목을 타고 기어오르는 그레고르의 그것, 혹은 뷔르스트너 양에 대한 K의 키스인데, 그것은 마치 "마침내 찾아낸 샘에다 혀를 던져넣은 목마른 동물"(의 그것)과 같은 키스다. 카프카는 펠리체에게 자신에 대해 써보내면서, 어떤 부끄러움도 없이, 또 어떤 장난기도 없이 자신을, 피를 필요로 하는 유난히 마른 사람으로 묘사한다. (나의 마음은 "장딴지 전체를 훑으며 피를 빨기에는 너무도 약해요.") 카프카-드라큘라는 그의 방 안에, 자신의 침대 위에 자신의 탈주선을 갖고 있으며, 편지들이 그에게 주는 것 속에 간접적인 힘의 원천을 갖고 있다. 그가 두려워하는 것은 오직 두 가지뿐인데, 가족이라는 십자가와 부부라는 마늘이 그것이다. 편지는 그에게 피를 주고, 피는 그에게 창조적인 힘을 준다. …(중략)… 편지의 흐름은 피의 흐름을 위한 것이다. 펠리체와의 첫 번째 만남 직후부터 채식주의자 카프카는 그 여자의 피가 풍부한 근육질의 팔에 매혹되고 육식성의 큰 이빨에 섬뜩해한다.-들뢰즈/가타리, 이진경 옮김, 『카프카-소수적인 문학을 위하여』, 동문선, 2001, 74-75쪽.

몸을 던지냐며 어리석다는 듯이 바라보고 말했다고 하니 어쩌면 잘 팔리는 작품이 좋은 작품이 되어버린 것을 시대 탓이라 해야 할까.

인간은 욕망하는 존재다. 욕망을 벗어난다는 것은 대단한 초월한 이가 아니고서는 불가능하다. 때문에 정신과 더불어 몸 또한 온갖 형태로 자신을 구조화하여 자신을 확대시켜온 것도 사실이다. '권력은 몸들의 짜임새에서 그 몸들이 어떻게 이동하고 정지하는가를 살피면서 그 중 가장 허약한 고리들을 이용해서 자신을 확대시켜'[5] 나간 것이다. 그래서 새로 태어나는 몸들은 도시화가 강화되듯이 권력 관계의 짜임새에서 이미 어느 일정하고 유리한 혹은 불리한 좌표를 갖게 되었다. 그리고 그 좌표상에서 가능하면 짜임새의 밀집된 상태로 이동해 가고자 노력하게 되고 많은 이미지들을 탄생시켰다. 욕망이 만들어낸 수많은 이미지의 폭발.

언젠가 욕망이 또 하나의 임계점을 넘어 이미지 생산과 소비를 위한 것으로 발전하게 되면, 즉 언젠가 몸이 사물

---

[5] 미셸 푸코가 성과 지식을 권력이 이용하는 주된 소재라고 본 것은 푸코가 성과 지식을 몸들의 짜임새에서 가장 허약한 고리로 작용하고 있다고 본 것입니다. - 조광제, 『주름진 작은 몸들로 된 몸』, 철학과현실사, 2003, 355쪽.

들과 타자의 몸들을 소재로 삼아 이미지를 생산하고 그것을 소비하는 데서 주로 자신의 비가시적인 몸을 형성하는 것이 일반화되는 시기가 오면, 권력 관계의 미시적인 짜임새는 이미지 관계들의 미시적인 짜임새 아래로 포섭되면서 그 성격을 바꾸게 될 것이다. 그럴 경우, 우리 즉 우리의 몸이 사는 세계는 크게 보아 이미지들의 관계들의 짜임새의 총체로 변화하게 될 것이다.[6]

흔히 몸으로 말한다고 한다. 바디랭귀지, 즉 몸말은 국적을 불문하고 통한다. 몸말은 그래서 근원적이라고 할 수 있지 않을까. 몸의 떨림으로 상대방의 의사를 읽고 상대의 뜻을 먼저 알아낸다. 기호로 의미를 전달하는 것은 근원을 놓칠 수 있지만 몸은 숨길 수가 없다. 몸으로 말한다는 것은 우주를 말한다는 것이고 그것이 진정한 예술이다. 몸-되기는 우주-되기인 것이다.

작가에게 '몸'작업은 4년 전 어느 날 문득 시작되었다. 예기치 않게 일어난 사건인 셈이다. 예술이란 이렇게 어느날 어느 계절 어느 시각에 탄생한다. 예술 작품을 낳는 작가들은 자신의 의지와 정신에 의해 탄생시키는 게 아니다. 알 수 없는 어떤 힘에 의해 이끌린다. 프란시스 베이

---

[6] 조광제, 355-357 참조.

컨처럼.

　"나는 풍경화를 그리고 있었는데 새 한 마리가 날고 있는 들판을 만들고 싶었지요. 캔버스 위에 한 무더기의 참고 자국들을 찍어놓았는데, 그러자 갑자기 당신이 지금 캔버스 위에서 보는 것과 같은 형태들이 나타나기 시작하더니 그것들이 나를 압도해 버렸지요. 그런 내가 애당초 계획했던 게 아니었어요. 그것과는 한참 거리가 멀지요. 그렇게 일이 벌어졌을 뿐, 나 또한 무슨 일이 일어났는가를 알고 꽤 놀라워했지요. 이 경우엔 본능이 그러한 형태들을 연출했다고 나는 생각합니다. 그러나 그건 영감과 같은 것은 아닙니다. 그건 뮤즈라든가, 혹은 그 비슷한 어떤 것들과도 아무런 관계가 없습니다. 그건 아니지요. 그건 정말 하나의 사건처럼 예기치 않게 일어났지요."[7]

　작가는 '몸'을 생성하며 기관 없는 몸들에 말을 건다. 탈구되고 구멍이 난 몸들에게 말한다. 작가는 몸을 수없이 생성하면서 실패할 수밖에 없더라도 기관 없는 몸을 향해 갈 수밖에 없노라고. 비록 그곳이 텅 빈 몸체일지라도 언젠가는 충만한 몸체가 되기 위해 예술이라는 행위를 한다고. 무엇이 될지 모르는, 무한한 가능성의 기관 없는 몸을 생성하는 것.

---

7) 프란시스 베이컨, 최영미 역, 『화가의 잔인한 손』, 강, 1998, 126-127쪽.

들판 위에 울려 퍼지는 혁명의 리토르넬로

콘서트보다도 더 뜨거운 정태춘의 이야기 〈아치의 노래〉가 3만 관객을 돌파하며 한국 음악 다큐멘터리 영화의 새 기록을 작성했다는 반가운 소식을 들었다. 블록버스터의 영화 공세 속에서 개봉 10일 만에 2만 관객 돌파, 한국 음악 다큐멘터리 영화 중 1위 기록도 함께 세웠다는 소식에 개봉 전에 영화 〈아치의 노래〉를 볼 수 있었던 행운에 박수를 보낸다.

유난히 하늘이 눈부시게 푸른 날 영화의 전당에서 정태춘을 만났다. 어느 민주 투사만큼 그의 뜨거운 삶과 29곡의 노래는 영화 속에 고스란히 담겨 그 시대를 소환하게 했다. 노래하는 음유시인답게 그의 노래는 영화 속에 새롭게 울려 퍼지고 있었다. 한동안 음악 현장에서 볼 수 없었던 정태춘을 다시 보게 된 건 촛불집회 시위 현장에서였는데 영화 속에서 울리는 그의 노래 속에서 세상과 타협하지 않고 자신의 길을 묵묵히 걸어왔던 40년의 음악인생을 만날 수 있었다.

〈아치의 노래〉는 역사였고, 문화였고, 들판 위에서 울려 퍼지는 우리 모두의 희망의 이야기였다. 노래가 이토록 뜨거웠던 적이 있었을까? 노래가 이토록 울림이 있었던 적이 있었을까? 절망의 끝에 나온 독백과도 같은 그의 곡들이 다시 울려 퍼지는 순간 여전히 우리의 삶도 살아 숨 쉬는 것을 확인할 수 있었다. 시대의 아픔 속에 온몸으로 뛰어든 예술가 정태춘의 삶과 노래를 함께 하는 순간 우리는 노래가 주는 영감과 감응 속에 온몸을 맡기지 않을 수밖에 없으리라.

노무현, 천정배 변호사와 함께 '가요 사전심의제도'의 철폐를 위해 온몸으로 저항하며 그 결과 '검열제 위헌'이라는 판결을 받고 개정되기까지 6년간의 힘겨웠던 싸움은 권력에 맞선 싸운 외로운 투쟁이었다. 정태춘은 그 시대를 사유하고 주변부에서 소외되고 어려운 사람들을 위해 노래를 부르고 외침을 주저하지 않았다. 예술에서조차 목소리를 내지 못한다면 어디에서 저항의 노래를 부를 수 있을 것이며 항거할 수 있단 말인가.

    비가 개이면 서쪽 하늘부터 구름이 벗어지고 파른 하늘이 열리면 저 남산 타워 쯤에선 뭐든 다 보일게야 저 구로공단과 봉천동 북편 산동네길도 아니, 삼각산과 그 아래 또 세종로길도 다시는, 다시는 시청 광장에서 눈물 흘리지 말자 물 대포에 쓰러지지도 말자 절망으로 무너진 가슴들 이제 다시 일어서고 있구나 보라, 저 비둘기들 문득 큰 박수 소리로 후여, 깃을 치며 다시 날아오른다 하늘높이 훠이, 훠이…
                        ―노래 〈92년 장마, 종로에서〉, 부분

1993년 정태춘, 박은옥의 8집 앨범 〈92년 장마, 종로에서〉 중 일부이다. 이 노래는 대한민국 대중음악사에서 중요한 분기점을 제공한 곡이다. 비합법으로 유통, 판매하며 사전심의에 정면으로 저항했던 결과, 1996년 관련법이 개정된다. 절망으로 무너진 가슴들을 위해서 그 현장에서 노래하고 그들과 현실 속에서 날아오르기 위해 무던히도 노력한 결과일 것이다. 혁명의 리토르넬로.

    클레에 따르면 인간은 "대지로부터 날아오르기 위해 있는 힘을 급격히 사용한다." 그리고 "중력을 이겨낸 원심력의 지배하에 들어가면 진정 대지로부터 춤춰 오르는 것이다." 이어서 예술가는 우선 자기 주위를 살피고 모든 환경을 살피지만, 그것은 피조

물 중에 남아 있는 창조의 흔적을 포착하고 소산적 자연 속에 남은 능산적 자연을 포착하기 위해서이다. 그런 다음 예술가는 "대지의 경계"에 자리잡고 현미경, 결정체, 분자, 원자 그리고 미립자에 관심을 갖지만 과학적 정합성이 아니라 운동을 찾기 위해, 오직 내재적 운동만을 찾기 위해 그렇게 하는 것이다. 예술가는 마음속으로 이 세계는 옛날에는 지금과 다른 모습을 하고 있었고, 앞으로 맞이할 미래에는 또 다른 모습을 띨 것이며 게다가 다른 혹성으로 가면 전혀 다른 광경이 펼쳐질 것이라도 말했다. 마지막으로 예술가는 '코스모스'를 향해 자신을 열고 '작품'에 코스모스의 힘들을 주입시키려 한다.[1]

코스모스를 향한 개방이 단순한 몽상에 그치지 않기 위해서는 자신을 활짝 열고 노래에 그 힘들을 주입시켜야 한다. 그러나 그 시간이 호락호락하지는 않다. 정태춘은 그 긴 시간을 견뎌내고 거기에 민중의 힘들을 보탰다. 1990년대 정태춘은 단독으로 비합법 앨범 7집 〈아, 대한민국…〉을 시작으로 1993년 8집 앨범 〈92년 장마, 종로에서〉에서 한층 더 목소리를 높인다. 지하보다 더 깊은 곳에 있는 노래에 말을 거는 것이다.

2019년 에세이집으로도 발표된 2012년 정태춘, 박은옥의 11집 앨범 〈바다로 가는 시내버스〉는 10년 여의 침묵

---

1) 들뢰즈/가타리, 김재인 옮김, 『천 개의 고원』, 새물결, 2003, 640-641쪽.

을 깨고 탄생했다. 더 이상의 앨범 제작은 없다고 고집한 정태춘을 설득한 것은 부인이자 음악적 동지 박은옥이었다. 세상을 향한 외침이 아니더라도 음악인으로서 담담하게 노래할 수 있는 거 아니냐는 것이었다. 10년의 공백이 있었지만 발표된 곡들은 여전히 높은 음악적 평가를 받았다. 기존의 곡들이 한국적 정서에 기반한 것들이라면 새로운 앨범에서는 제3세계의 음악까지 끌어안는다.[2] "바코드도 없는 몸뚱이를 거기에다 두고 햇살 빛나는 철로 미끄러져 빠져 나간다" 덤덤한 소리 위로 울려 퍼지는 짙은 가사는 노래가 가진 힘을 증명하고 있다.

제외되고 등한시되었던 제3세계의 음악까지 끌어안은 두 사람의 선택은 말러가 전통의 규범성을 거부하고 민중음악, 어린이음악을 껴안음으로써 새로운 음악형식을 구현했던 방식과 다르지 않다. 1분가량 화성 없는 기타소리와 발걸음 소리, 기차소리가 들린다. 그리고 들리는 정태춘의 목소리.

몇 시일까, 겨울비 내리는데 썰물처럼 가로등 불빛 꺼지고 아

---

2) 〈스스로 장르가 된 뮤지션, 정태춘&박은옥〉, 인천광역시 보도자료, 2022.8.4일자.

무도 떠나가지 않을 정류장 시내버스 모두 돌아오고 그 얼마나 먼 곳으로 헤매었니 이제 여기 변두리 잠시 닻을 내리고 아무도 돌아오지 않을 종점역 그리움에 병 들었을 너 …(중략)… 모든 시계들이 깊은 잠에 빠져도 네 먼 바다는 아직 일렁이고 있겠지 여긴 끝 모를 어둠 깊어진대도 누군가 또 거기 작은 배를 띄우고 며칠일까, 오늘과 내일 사이 겨울비 그치고 별이 뜰 텐데 다시 떠날 차가운 아침 조용히 너의 바다 또 널 기다릴 텐데
—노래 〈바다로 가는 시내버스〉, 부분

민중을 이끄는 건 인격이 아니라 민중 자신이 동시적이고 연속적으로 체험해 나가는 변용태들에 따름으로써 가능하다. 민중들은 이렇게 함으로써 개체화된다. 노래의 재료와 민중의 힘들의 종합. 언어로 쓰였지만 노래의 힘은 무한하다. 정태춘의 노래는 사람들의 마음을 움직이고 변화시킨다. 그 힘이 다름 아닌 리토르넬로이다. 리토르넬로는 사람들의 믿음을 바꾸고, 영향을 끼친다. 변화시키는 능력. 그리고 그것은 예술가들의 손에 의해 구현된다. 노래하는 음유시인 정태춘은 노래라는 언어의 힘을 통해 사람들을 움직이고, 그들의 마음에 깊이 새겨질 작품을 만들어낸다. 그것은 마치 마술처럼 느껴지기도 하며 그들의 말과 글은 시간을 초월하여 우리의 마음에 영원히 살아 숨 쉬는 작품으로 남는다.

리토르넬로는 그 힘과 무게가 크지만 그것은 우리 모두가 가지고 있는 능력이기도 하다. 우리가 말하는 모든 말과 글, 노래는 누군가의 마음을 움직이고 변화시킬 수 있다. 혁명적 리토르넬로는 반복을 통해 차이를 만들어내야 한다. 단순한 반복의 후렴구는 강조에 그치고 감동과 만족을 줄 수는 있어도 다시 일상의 블랙홀 속에 빠져버리는 우리의 삶을 바꿀 수는 없다. 반복 속에서 차이를 만들어낼 때 탈주할 수 있다. 정태춘은 음악으로 노동자와 주변에서 소외된 가난한 이들을 위해 언제나 탈주의 노래를 부르고 있다. 그의 말대로 게으르면 망하므로 시대를 사유하는 음유시인으로서 탈주의 노래를 끊임없이 부르는 것이다.

인간이 진화한 인류-되기

국가가 없어 이방인으로 살아야 했던 유대인들에게는 세계가 책 속에 있었다. 유대인은 책으로 태어난 종족이다. "책으로부터 태어난 한 종족…"1), 유대인에게 책은 특정 장소에 갇히지 않은 신으로 존재한다. 유대인으로 이집트에서 태어나 1967년 프랑스 국적을 취득했던 시인 에드몽 야베스(E. Jabès)는 삶과 죽음의 경계에서 부재하는 신을 현전으로 끌고 온다. 야베스는 시를 쓰며 책 속에서 신을 만나고 질문을 던지며 역사와 접목시키고 해석하고 있다. 유대인들에게 책은 초장소적인 의미였다. 야베스에게 책은 운명이었고 희망이었을 것이다.

책은 힘이 있는 것일까, 책의 힘은 어디까지일까. 이 책 속을 찬찬히 걸은 한 사람이 있다. 바로 하창수이다. 『책

---
1) 자크 데리다, 남수인 옮김, 『글쓰기와 차이』, 동문선, 2007, 107쪽.

속을 걷다』 1권이 나온지 고작 2년도 되지 않았는데 2권이 나왔다. 2권은 1권보다 훨씬 두꺼웠다. 더 많은 책 속을 걷고 걸으며 사유했다는 뜻이다. 이 책을 읽으면서 내내 머릿속을 어지럽히고 고민하게 만든 것은 삶을 어떻게 살아야 하는가 묻게 된다는 것이다. 팬데믹은 지구촌이 얼마나 빠르게 순환하고 있는지 증명하였고, 날로 뜨거워지는 지구는 인류에게 무거운 책임을 묻고 있음에 틀림없다. 이러한 시점에 이 책은 조금의 해답을 내놓고 있지 않나 하는 생각이 든다. 그렇다면 이 책의 부제가 가리키고 있는 '인간의 시선이 닿은 곳'은 어디일까?

가장 먼저 음양과 오행, 유가와 제사이다. 우주와 만물의 근원적 존재를 '기'라고 할 때 기의 속성이나 질서는 음양, 그 변화의 원리는 오행이다. 중요한 것은 저자가 밝히고 있는 바와 같이 음양도 오행도 고정되어 있지 않고 변화한다는 것이다. 고착되면 굳게 뿌리를 박는 이끼, 녹, 검버섯처럼 쉽게 지워지지 않을 뿐만 아니라, 그것들에 균열을 내고 허물어버리고 부서뜨린다. 물욕은 청정한 마음에 생기기에 더더욱 없애기가 어렵다. 그렇기에 나의 삶도 끊임없이 변화하는 삶 속에 있어야 한다.

두 번째, 사실을 보는 눈은 그 사실의 온전한 모습을 보는 것이 아니라, 보고 싶은 것, 곧 사실의 일부만을 본다. 이러한 사실은 해석과 불가분의 관계를 맺게 된다는 것인데 해석 또한 해석자의 관심이나 의도가 중립이나 사심 없는 허상을 지우기 때문에 중립적이고 사심 없는 해석은 없다. 결국 가다머, 사이드, 푸코, 데리다를 통해 저자가 말하고자 하는 것, 진정한 이해와 해석은 과거지평과 현재지평, 전체와 부분의 계속적인 순환을 통해, 텍스트 의미를 추출하고 정련하여 통합 또는 통일을 향해 나아가는 것이다. 가다머의 해석학으로 김유정의 소설 「만무방」을 읽고, 황석영의 『심청, 연꽃의 길』을 읽으며 과거지평으로 소환하고, 현재지평을 매개함으로써 화해의 지평을 열고 있다.

새로운 가치의 발견은 고정불변한 것은 아무 것도 없다는 사실에 있으며, 변화하며 존재한다는 사실을 알고 실천함에 있는 것이다. 당쟁의 역사에서 학자로서 '통유'가 되려고 했던 박세당의 실천적 삶이 그것이다. 심심하면 만만한 타자를 끌고 와서 자기 곁에 세우면서 타자를 이용하는 행위는 하지 않아야 하며, 끊임없이 '지금 어떤 상태로 어디쯤에 있을 것인가'를 모색해야 한다. 해석이 해체될 수 있듯이.

세 번째, 수많은 체험을 40여 권의 책으로 남긴 메스너의 고산 등반은 많은 것을 시사한다. '살기 위해 산을 오른다'는 메스너의 말은 죽음으로 가는 삶을 얼마나 의미 있게 살아야 하며, 바닥에 깔려있는 허무에 빠지지 않기 위해서는 끊임없이 존재 의미에 대한 물음을 해야 한다는 반증이다. 산소호흡기 없이 단독으로 에베레스트를 최초로 오른 메스너의 '살아서 돌아옴'의 전략, 인생에서 가장 중요한 전략임에 틀림없다. 메스너의 전략은 멀리 떨어진 미국의 한 청년 딘 카르나제스에게 의미 있는 사건이 된다. 메스너의 에베레스트 등정은 관성으로 잘 굴러가던 카르나제스의 일상에 하나의 파문을 던진 셈이다. '이것임(haecceity)'[2]이 된 것이다. 극한의 달리기 체험으로 새로운 인생의 의미를 깨달은 청년은 타자로의 자아 확장이라는 새로운 모습을 띠게 되고 백혈병협회, 장애인 올림픽, 환경단체 기부금 조성으로 이어진다. 계속하여 달리기, 존재의 변전이란 고통을 감내하고 무의식의 끝까지

---

[2] 들뢰즈에게 있어서 개체의 문제라는 것은 결국 내가 겪는 구체적 사건들 하나하나이며, 이것이 모든 사유와 실천을 시작하도록 하는 가장 중요한 지점이다.

가서라도 그것을 뒤집는 데까지 이르지 않고 불가능하므로, 즉 근원적인 변화에 있으므로.

네 번째, 메스너와 카르나제스가 연결되어 있듯이 중요한 것은 '관계 맺기'이다. 어떻게 지금의 상태에서 관계를 맺느냐에 따라 우리의 삶은 달라질 수 있다. 일상의 삶은 중요하지만 지배당하지 않고 벼리를 쥔 채 살아가는 것이 중요하다. 진정한 주체의 삶은 배치의 전환을 통해 세계의 어떤 것과 관계를 맺느냐에 따라 달라질 수 있다. 방향 전환, 즉 배치의 전환은 이성, 서구, 권력과 부 같은 것들이 지배하는 세계에서 답을 구해서는 안 된다는 깨달음에 이르게 하는 것이다.

학문과 지식에서 해결책을 찾지 못한 톨스토이가 노동자, 가난한 자, 순례자 농부들에게 접근하여 모색했듯이 배치의 전환은 중요하다. 배치의 전환은 새로운 관계 맺기가 되고 관계 맺기를 통해 인식이 달라진다. 인식의 전환은 자신의 생활 방식 또한 달라져야 한다. 유대 전통에서도 '안다'는 것은 지적이거나 추상적이라기보다는 관계적이며 경험적인 의미를 갖는다. 자신의 내부와 주변이 환해진다는 것은 결국 배치의 전환과 관계 맺기이다. 리좀의 방식이다. 아우구스티누스는 톨스토이에게로, 톨스토이는 간디로, 간디는 베르쟈예프와 니어링으로. 이들은 리좀(rhizome)처럼 얽혀서 어디든 뻗어나가고 번져나갔다. 일상에서 어떤 방식으로 관계를 맺어 배치를 달리 한다는 것은 자기 성찰 방식에 매우 중요하다. 자기 성찰 방식에 따라 자신의 인생행로도 바뀔 뿐 아니라 타자에 대한 실천의 행위도 달라지므로.

다섯 번째, 이 책에서 가장 많은 지면을 차지하고 있고 저자가 특히 꼼꼼하지만 담담하게 그려내고 있는 곳은 '영혼과 색깔', '인간의 질병과 사회의 질병'이라는 소제목을 달고 있는 장이다. 자연과 사물에서 온 색깔로 최인훈 소설 『회색인』의 주인공 독고준은 회색, 자연을 살리고 했던 헨리 데이비드 소로는 녹색, 협곡/심연 사이에서 고투했던 철학자 키르케고르는 보라색, 신체적 고통 속에서도 예수의 삶을 실천했고, 물질적 여유를 누릴 수 있었던 뒤에도 자발적 가난을 고수하며 가난한 이웃을 베푸는 삶을 선택한 권정생은 순수한 흰색으로 그려내고 있다. 인간도 자연의 한 일부에 지나지 않으므로 이들의 삶을 보며 우리는 진정한 삶의 가치를 찾아야 한다.

인간의 질병은 어디서 온 것일까. 저자는 인간에게 질병은 필연적으로 다가오는 운명이며, 앞으로 가족과 친지 외에 가장 자주 만나는 사람이 의사가 될 가능성이 높다는 말로 이 장의 서두를 연다. 동의한다. 인간이 지나온 길을 돌아보면 많은 질병을 겪었고, 그 곁에는 의사가 있어 많은 생명을 살릴 수 있었다. 코로나 팬데믹도 이들의 희생과 봉사가 있었기에 이겨낼 수 있었다. 저자는 질병과 사람 그리고 사회까지 모두를 고친 큰 의사로 슈바이처, 이태석, 장기려, 프란츠 파농, 노먼 베쑨, 체 게바라를 든다.

저자도 밝히고 있지만 인간이라는 종을 너머 인류가 되어야 한다. 인류가 되는 길을 모색해야 한다. 자기 성찰을 통해 수많은 철학자들이 실재에 가닿기 위해 몸부림을 쳤듯, 세계 부정을 거친 세계 긍정은 중요하다. 세계 부정을 거치고 세계 부정으로 끝나거나 인생 긍정으로 끝나면 우주에 살고 있는 인간에게는 답이 없다. 인간이 진화하는 길은 인류가 되는 길에 있다. "새로운 혁명가의 등장과 새로운 체제의 실험은 멈추지 않을 것으로 보인다. '인간'이 진화하여 '인류'가 되어야 한다고 생각하고 실천하는 인간이 사라지지 않는 한".3) 이 또한 동의한다. 새로운 혁명

---

3) 하창수, 『책 속을 걷다 2』, 건명, 2023, 432쪽.

가가 한 사람이라도 있으면 희망은 있다. 인류가 되려는 몸부림의 실천, 인류-되기에 우리도 동행해 보는 건 어떨까. 공존과 공생의 답은 '이것임'이다. 인간이 진화한 인류-되기. 더 나아가 비인간-되기.

약력

박정은 지역신문사의 기자로 일하고 있다. 생업 외에 자발적으로 참여해 온 인문학 모임에서 통찰의 반경을 넓혀왔다.

송우정 좋은 사람이 되고 싶어 백년어서원에서 독서와 글쓰기를 시작했으며, 인문학의 힘을 빌려 좀 더 지혜로운 삶을 모색하기 위해 노력하고 있는 중이다.

정기남 배를 탔다. 그때는 바다를 몰랐다. 백년어서원에서 해양문학을 함께 읽으면서 바다를 알아가고 있다. 델라웨어대학에서 해양정책학을 공부하고, 『해상교통관제시스템론』을 냈다.

서이서 국어학 강의를 해왔으며, 지금도 건강한 삶을 꿈꾸는 드리머이다. 들뢰즈를 거쳐 가는 꿈꾸는 자의 나무를 키운다.

김미경 30년 넘게 수학을 가르치다 철학 공부를 새롭게 시작했습니다. 하루하루 행복합니다.

이수경 들뢰즈 철학으로 논문을 몇 편 쓰고 다시 인문학과 철학하기로 인생을 제대로 마주하려고 함. 늘 깨어있기를 소망함. 『들뢰즈의 안드로메다』가 있다.

소회

박정은 스무 살 때부터 만나온 수많은 철학자들 덕에 좋은 삶을 향한 고민을 멈추지 않을 수 있었다. 들뢰즈도 그 중의 한 철학자.

송우정 들뢰즈/가타리의 『천 개의 고원』을 넘는 일이 너무나 힘든 일이었다는 걸 새삼 글을 쓰면서 느끼게 된다. 힘들었던 나의 무릎은 물론 도움을 주셨던 이수경 선생님과 이 책을 같이 읽어주셨던 도반님들에게도 무한한 감사를 드리고 싶다.

정기남 들뢰즈는 바다 그 자체이다. 바다는 무수한 힘들의 탈주선이 난무하는 현장이다. 들뢰즈를 통해서 문학을, 해양문학을 읽어내는 기쁨을 나누고 싶어졌다.

서이서 세상을 보는 눈이 확장되었다. 구성되고 있는 다양성으로부터 유일자를 빼는 것, 이를 n-1로 이라고 쓰고, 이러한 체계를 리좀(rhizome)이라 명명할 수 있다는 거.

김미경 들뢰즈와의 만남은 저에게 '이것임'이었습니다. 『천 개의 고원』을 읽고 글을 쓰던 이 순간을 영원히 기억하겠습니다.

이수경 천의 고원을 혼자 넘는다는 것은 고독하고 힘겨운 싸움이었다. 도반들과 다시 고원을 함께 넘으며 삶이 충만해졌고, 공생과 공존의 삶이 기관 없는 신체로 가는 방법임을 믿는다.

들뢰즈와 탈주하기

1판 1쇄·2023년 7월 5일

지은이·백년어서원
펴낸이·서정원
펴낸곳·도서출판 전망
주　소·부산광역시 중구 해관로 55(중앙동3가)
우편번호·48931
전　화·051-466-2006
팩　스·051-441-4445
출판 등록 제1992-000005호
ⓒ 백년어서원 KOREA
값14,000원

ISBN 978-89-7973-604-5
w441@chol.com

* 저자와의 협의에 의해 인지를 생략합니다.
* 이 책 내용의 전부 또는 일부를 재사용하시려면 저작권자와 도서출판 전망 양측의 동의를 받아야 합니다.

* 이 책은 2023년 부산광역시, 부산문화재단 〈부산문화예술지원사업〉으로 지원을 받았습니다.